編著 松尾 慎

著者 五嶋 友香｜澁谷 こはる｜鈴木 雅大｜東樹 美和｜西村 愛｜矢部 紬

対話型日本語教材
ともに学ぶ
「せかい」と「にほんご」

JN118753

にほんごの
凡人社

本書を使われるみなさんへ

　日本社会において多文化化が進む中、さまざまな場で外国籍の人々を受け入れ、接触し、交流する機会は今後、ますます増加していくことが予想されます。異なる文化的背景の人々と接していく際に求められるのが、多文化を視る目を客観的に分析する力、そして、異なる背景を持つ者同士が協働的に物事を作り上げていくために必要とされる対話力であり、ときに起こりうる摩擦や対立に対して、それが起きた原因を見定め対応していく問題解決力です。本書は、こうした力の向上を目指した教材です。また、国や文化という枠を超えて存在するグローバルイシューについて、文化的差異を超えて、地球市民としての視点から対話できる力を養うことも本書の大きな目的の一つです。

　本書で挙げた 12 のトピックについて、自国や他国の状況を理解することに加え、教室の仲間との対話、学び合いを通して「そんな見方があったのか」といった、新しい発見が生まれることで物事やある問題を捉える「物差し」がより多く、豊かになっていくことを願っています。正解のない問いが多く含まれていること、それも本教材の特徴です。そのような問いに対し、皆さんは正解を探す必要はありません。でも、自分自身の答えを探してほしいと思います。そして、それぞれの答えを教室の仲間と共有してほしいと思います。また、自分自身の答えを探すために仲間と対話をしてください。そのとき大切にしてほしいことは、聴くことです。自分の考えを伝えること、伝える力も大切ですが、聴くこともまた、他者を理解するために非常に重要なことだと思います。自分と考えや主張が異なる仲間の発言もまずはしっかり受け止めましょう。対話を進める中で、互いの考えや主張に変化がみられるかもしれません。第三の考えが生まれる可能性もあります。

　2019 年 6 月 28 日、「日本語教育の推進に関する法律」が公布、施行されました。この法律では、基本理念として、学校の児童生徒や留学生、各分野の技能実習生、難民など、さまざまな立場の在留外国人らの日本語教育を受ける機会を最大限確保することを謳っています。本書がそうした機会を広げるきっかけになれば幸いです。

　教室での学びをつくり上げるのは、みなさんひとりひとりです。学びの旅が楽しいものになりますよう、祈っています。

2022 年 12 月

松尾　慎

i

もくじ

【サポートサイト】（2023 年現在）

https://www.bonjinsha.com/wp/tomomana

（凡人社（ぼんじんしゃ）ウェブサイト内特設（ないとくせつ）ページ）

Download

「コンテンツ集（しゅう）」
「サポーターの手引（てび）き」など

各ユニットの
テーマについて

ユニット1　ともに歩く、ともに生きる

みなさんは町で盲導犬を見たことがありますか。盲導犬と盲導犬ユーザー、そして、わたしたちがともに幸せに暮らすためには、どのようなことが必要でしょうか。

ユニット2　100年後の青い海、青い空

ごみの問題について考えましょう。ごみが増えると、どのような問題があるでしょうか。未来の地球のために、「今日から」できることは何ですか。

ユニット3　たんでぃがぁーたんでぃ

世界にはいろいろな文化があります。日本にもいろいろな文化があります。いろいろなことば、いろいろな食べ物、いろいろな行事について、みんなで話しましょう。

ユニット4　その日のために「今」

災害はいつ起こるかわかりません。今日かもしれませんし、明日かもしれません。自分を守るために、家族や周りの人を守るために、今からできることを考えてみましょう。

ユニット5　カカオをつくったのはボク

あなたが着ている服、食べているものがどのようにできているか知っていますか。わたしたちの身の回りにあるものには、児童労働が関係しているかもしれません。児童労働の問題について考えてみましょう。

ユニット6　Every Child Has a Beautiful Name

だれもが安心、安全に生きることができる世界をつくるために必要なことは、何でしょうか。さまざまな権利の大切さについて、考えてみましょう。

ユニット7　旅に出よう

みんなで、世界一周旅行を計画しましょう。みなさんが行きたいところはどこですか。だれと行きたいですか。どのようなことがしたいですか。何が食べたいですか。

ユニット8　小さな思いやり

わたしたちの周りにはだれにでも使いやすいデザイン、モノがあります。すべての人が使いやすいデザインだけでなく、思いやりの気持ちも大切です。わたしたちにできることを考えてみましょう。

ユニット 9　Mottainai

毎日、何を食べていますか。まだ食べられるものを捨ててしまうことはありませんか。食品ロスを減らすために、わたしたちにできることを考えてみましょう。

ユニット 10　あなたとわたしの健康

あなたは、こころと体の健康のためにしていることはありますか。家族や友だちが元気がないとき、あなたならどうしますか。あなたや周りの人の、こころと体の健康のためにできることを考えましょう。

ユニット 11　家族を支える子ども

家族の介護や世話をしている子どもがいます。子どもの将来を考えたとき、どんなことが大切でしょうか。学校や地域が子どものためにできることを考えましょう。

ユニット 12　私、わたし、ワタシ

あなたはどんな人ですか？と聞かれたら、何と答えますか。仕事を探すときの「わたし」と友だちと話すときの「わたし」は同じですか。履歴書や名刺を使って、いろいろな「わたし」について話してみましょう。

　この本は、この本を使って活動するすべての参加者が学び合えることを願って作られました。「学び合い」がこの本のキーワードになります。この本を使った活動に参加する人は、日本語を母語にする人、母語に準じて日本語を使用する人、日本語を第二言語とする人などに分けられるかもしれません。また、日本語の習熟度によって、日本語習得をサポートする人、日本語の習得を目的とする人に分けることも可能でしょう。それに伴い日本語習得をサポートする人は、ファシリテーターやサポーターとしての役割を担うことになるかもしれません。こうした役割を否定するものではありませんが、この本はファシリテーターやサポーターを含め、どのような背景をもつ参加者もできる限り対等に公平に「学び合い」に参加できるようデザインされています。学び合いを促すため、12のユニットはさまざまなトピック、テーマで構成されています。「読みましょう」で提示されるトピックの理解をきっかけに、さらに考え、対話を重ねることで、トピックの背後にあるテーマに関して、学び合いが起きることでしょう。

　ファシリテーターやサポーターとしての役割を担う人は、できる限り、対話を広げること、つなげることを意識してください。話が広がったり、脱線したりしても構いません。むしろ歓迎してください。また、「待つこと」を大切にしてください。問いかけに対し、ゆっくり考えて答える人もいます。「待つこと」は実は簡単ではなく、かなりむずかしいことですが、是非、チャレンジしてください。その日の活動を終えるときにすべての参加者が「学びがあった」と思い合えるような活動になることを願っています。

　著者メンバーたちは、全員、ミャンマー出身の難民的背景をもつ人びとなどとの日本語活動にサポーターとして参加しています。活動の内容や方法、理念はこの本で示しているものと似ています。

　以下、【アイスブレーキング】から【今日のふり返り】まで活動の順序にそって本書の使い方を説明、提案していきます。それぞれの部分の最後に、わたしたちの日本語活動で実際に起こった学び合いやサポーターの成長、（サポーター以外の）参加者の思いなどが吹き出しにして紹介されています。また、「まつお一口メモ」では、編著者（まつお）自身が関わっている日本語活動の中で大切にしている思いや活動におけるちょっとした工夫、学び合いを具現化している実践例に関し述べられています。

　ここで「参加者」と「サポーター」ということばについて説明します。わたしたちは教室に集う人は、すべて参加者であり、学習者であると考えています。サポーターは、ある局面で日本語を教えたり活動をファシリテートしたりしますが、学び合いの一員として学習者でもあり、もちろん参加者でもあります。こうした考えにもとづいて本書は作成されています。

アイスブレーキング

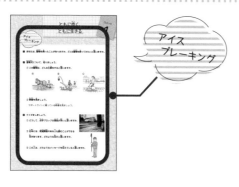

頭と心を活性化し、場をあたためる「アイスブレーキング」は、とても大切な活動です。参加者全員が話すことで、お互いを理解することにもつながります。

各ユニットの「アイスブレーキング」の**1**は、ちょっとしたやりとりができるようになっています。各ユニットのひとつ目の活動です。初めて活動に参加する方がいるときは、**1**の前に「名前」や「仕事」、「勉強していること」などをいっしょに話してもいいですね。

「アイスブレーキング」の**2**以降では、その日のトピックに関連するクイズをしたり、ゲームをしたりします。「読みましょう」に入る前にトピックについて知る時間です。活動に参加するすべての人が、同じ目線で活動に参加できるような雰囲気づくりが大切です。

サポーターのひとこと

• 初参加のときは、自己紹介で自分の勉強している「国際関係」を「みんながわかる」ことばで説明するのがむずかしかったです。周りにサポートしてもらったり、活動に何度も参加したりすることで、やさしく言い換えることができるようになりました！

• 「アイスブレーキング」は、その日のトピックの導入の時間であるだけではなく、「自分の考えや意見を安心して聴いてもらえる場所」と互いに思える活動になるといいなと感じています。

参加者のひとこと

• アイスブレーキングのクイズが、毎回楽しみです！

• わたしはコンビニで仕事をしているので、「売れ筋商品ランキングクイズ」では、全問正解でした！

読みましょう / 今日のことば

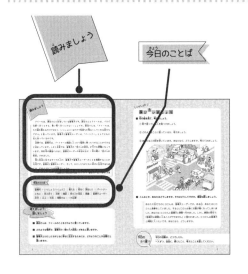

「読みましょう」では、各ユニットのテーマやトピックに関する文章を参加者全員で読みます。内容を確認しながら、テーマやトピックについて理解を深めましょう。

「今日のことば」では、理解を深めるためのキーワードとなる語彙を取り上げています。「読みましょう」を読みながら、語彙の意味を確認しましょう。

参加者のようすをみて、「今日のことば」には載っていないけれど必要なことばを取り上げてもいいです。あなたの教室に合わせて、自由に活動をデザインしてみてください。

サポーターのひとこと

・語彙の説明をするときは、どのことばをどこまで説明するか、参加者のようすをみながら調整しています。なかなかむずかしいことですが、回数を重ねることでだんだんできるようになってきました。

・パワーポイントや映像を見せる際、すべての参加者にしっかり見えているかどうか意識しながら活動しています。座る位置、画面の角度によって見えやすさが違ってきます。現在も特訓中！

参加者のひとこと

・最近のニュースや新しいことば、よく聞くけれど意味があまりわからなかったことばを、活動で勉強することができました。

・わたしはもう5年くらい活動に参加しています。初参加の人がいるときは、ビルマ語（ミャンマー語）や英語を使いながらサポートをしています。

まつおー口メモ

【読みましょう】の文章の音読に関しては、いろいろな進め方があると思います。最初に、サポーターのだれかが全文を音読する進め方もあります。また、段落ごとや一文ごとに交代で音読してみる進め方もあります。また、全文の理解を終えたあとに、全員で一斉に音読してもいいでしょうし、しなくてもいいと思います。その判断をその場その場ですることもあります。いずれにしても、参加者全員が音読のペースについていけているかどうか、視野を広くして、ひとりも取り残されない活動にしていきたいと思って活動しています。

まつおー口メモ

【今日のことば】の説明の方法はさまざまでしょう。パワーポイントなどを使って、視覚的に示す方法もあるでしょうし、ことばだけで説明する方法もあるでしょう。しっかり理解できるように、できる限り身近な話題の中での例文をいくつか提示してみるのもいいと思います。「わかりましたか？」と尋ねてもいいですが、理解を確認するために、何か質問してみてもいいと思います。

考えましょう　話しましょう

「読みましょう」の内容理解を深めるための問いです。問いにはふたつ種類があります。ひとつは、「読みましょう」本文の中から答えを見つける問いです。もうひとつは、本文の中から答えを見つけるのではなく、参加者が自由に考えたり、メインテーマについて自分の知っていることを話し合ったりする問いです。

本文を読むだけではなく、ここで参加者全員で話し合って理解を深めましょう。

考えましょう
話しましょう

サポーターのひとこと

・グループワークでは聴くことに専念していたKさん。全体共有のときは、他のグループの意見も聴いた上で、自分から、自分のことばで話をしていました。無理に話してもらうのではなく、待つことで、参加者の語りを引き出せることもあります。

参加者のひとこと

・グループで話したことをみんなの前で発表しました。みんなが聴いてくれて、うれしかったです。

まつおー口メモ

【考えましょう　話しましょう】の進め方ですが、グループ活動にしてもいいですし、問いによっては全員で考えてみてもいいでしょう。その場に合った進め方を選んでください。グループ活動の中で、サポーターは参加者間の対話を促すために、聴くこと、待つことを大切にできたらいいと思います。サポーター自身も自分の考えを伝えることで学び合いが促進されるでしょう。グループ活動のあとの全体共有では、だれが発表しても構いません。また、発表するときにホワイトボードなどにポイントを書き、見せながら発表すると、発表しやすく、また、聴いている人にもわかりやすくなることがあります。

学び合いましょう

「読みましょう」に関連のあることについて、参加者全員で学び合います。学び合う方法は各ユニットによってさまざまです。例えば、児童労働に関する映像を見て、感じたことを話し合ったり、ごみを減らす方法を大切だと思う順番に並べ替えたり、町で困っている人がいたらどうするかを考えたりする活動があります。また、参加者全員で世界地図をかき、その世界地図を使って世界旅行の計画を考えるというお楽しみ系の活動もあります。

どのような活動であっても、対話を通して、ともに学び合う姿勢を大切にしましょう。対話をすることで、多くの学びが得られます。ここでの学びが、参加者ひとりひとりの何かを変えるきっかけになるかもしれません。

サポーターのひとこと

- フードロスについての活動（参考：ユニット9）では、さまざまな国や地域でのフードロスを減らすための取り組みを話しました。「ミャンマーでは米のとぎ汁で漬物を作る」など、あまり馴染みのない取り組みについても知ることができました。

- ヤングケアラーについて学んだ回（参考：ユニット11）では、「日本人はこういう人のことをよく『かわいそう』と言うけれど、それで人生が終わりだとは思わない。自分を信じて頑張れば、よくなると思う」という意見が出ました。このことばを聴いて、新たな視点を得ることができました。

参加者のひとこと

- キッチンカーのメニューを考えました。わたしの知らない料理がたくさんあって、「これはどんな料理ですか？」など、みんなで話すのが楽しかったです。

まつおー口メモ

【学び合いましょう】では、まさに学び合いが起きるといいですね。実際にわたしたちの活動で行ったことを紹介します。その日の活動は、熱中症対策と節電がテーマでした。節電の方法として、定期的にエアコンを掃除することが挙げられていました。すると、日本語を学びはじめて間もない参加者が「わたしは掃除をしたことがあります」と発言しました。日本に20年以上住んでいるミャンマー出身の参加者も「わたしもできます」とのこと。一方で、その日の活動に参加していた大学生たちはだれもエアコン掃除をしたことがありませんでした。そこで、【学び合いましょう】の活動内容を急遽、変更し、教室のエアコン掃除を二人の指導のもとに行ってみることにしました。エアコンもきれいになったし、みんなも笑顔になりました。その日に学んだことをすぐに実践できました。わたしはこうしたことも学び合いの一つであると考えています。ちなみに、わたしもエアコン掃除をしたことがなかったのですが、帰宅後、すぐに掃除してみました。

サポートサイトについて

　この教材にはサポートサイトがあります。参加者全員に向けた「コンテンツ集」と主にサポーターに向けた「サポーターの手引き」が配信されています。コンテンツ集では、各ユニットで扱われているテーマや話題に対する理解を深め、活動を広げるために参考になる資料が紹介されています。サポーターの手引きでは、活動の進め方が詳しく説明されています。また、活動を活性化させるための資料も紹介されています。

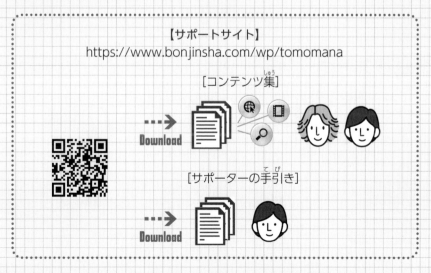

【サポートサイト】
https://www.bonjinsha.com/wp/tomomana

［コンテンツ集］

Download

［サポーターの手引き］

Download

今日のふり返り

「今日のふり返り」では、活動全体のふり返りを行います。参加者ひとりひとりが今日の活動で学んだことや気づいたこと、楽しかったことなどを自由に話しましょう。短くてもいいので、自分のことばで伝えましょう。話している人以外は聴くことを大切にしましょう。

毎回の「今日のふり返り」をサポーターが記録することで、後日全員の学びをふり返ることもできると思います。

サポーターのひとこと

• 初めて参加した頃は「今日はありがとうございました。」の一言のみだったBさん。何度も活動に参加し、Bさん自身が自信をつけたこと、周りがBさんのことばを「聴く」姿勢をもったことで、自分の気持ちや学んだことをゆっくりでも自分のことばで話してくれるようになりました。

参加者のひとこと

• 教室が終わったあとも、活動で学んだことを考えています。友だちに話すこともあります。

語彙リスト

語彙リストには、「今日のことば」やその回の活動に出てきた単語が記載されています。対訳は、ビルマ語（ミャンマー語）、ベトナム語、中国語、英語の4言語です。参加者に合わせて、活動の中で参考にしてください。

活動のヒント

　以下、活動のヒントを紹介します。実はこのヒントは、この教材を利用した活動現場だけを想定して書いたものではありません。まつおは大学での授業や一般市民向けのワークショップを担当することがありますが、どのような現場においても、以下に述べられていることを意識してファシリテーションしています。

　以下、3つの観点で活動のヒントを述べていきたいと思います。

1. グループづくり

　この教材を使った活動は、グループでの活動がイメージされています。10人前後であれば、机を囲み全員で向き合って活動をしてもいいでしょう。わたしたちはサポーターも含め全員が着席し活動をしています。活動の中で、さらにペア活動をしたり、3、4人ほどでグループ活動をしたり、全体共有をしたりします。

　人数が多い活動では、いくつかのグループをつくり、教室内にいくつかの「島」をつくって活動してもいいと思います。

　グループづくりですが、友だち同士やよく知っている人同士でグループをつくりがちです。そのほうが、安心感があるからです。そうしたグループのつくり方を否定するものではありませんが、以下のようなグループづくりの方法があります。

① バースデーラインをつくる

　誕生日順に並んでもらいます。並ぶときに、ことばを使わないで、身振り手振りで自分の誕生日を相手に伝えます。1月1日を先頭にしても、4月1日を先頭にしても構いませんが指示をしてください。並び終わったら、答え合わせです。順番に誕生日を言ってもらいます。

　なお、ことばを使って誕生日を聞き合って並ぶという方法もあります。活動現場の状況に応じて使い分けてください。

並び終わったら、誕生日が近い者同士でグループにしてもいいですし（図の方法 1）、例えば5 つのグループをつくりたければ、「1、2、3、4、5、1、2、3、4、5、……」と順番に言っていき、同じ番号の者同士でグループになってもらっても構いません（図の方法 2）。

図：並んだあとのグループ分け

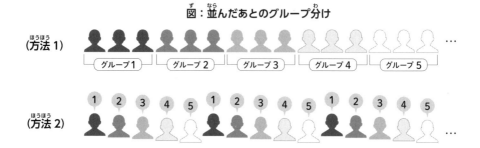

（方法 1）　グループ 1　グループ 2　グループ 3　グループ 4　グループ 5　…

（方法 2）　1 2 3 4 5　1 2 3 4 5　1 2 3 4 5　…

バースデーラインの応用編としては、住んでいるところや出身地が教室から近い順に並んでもらってもいいと思います。この場合、出身地を口頭で確認し合って並ぶ方法とまったく確認せず自分はだいたいこれぐらいの順番だろうと予想して並ぶ方法があります。後者の方法だと「近い」「遠い」のイメージが人によって異なることが明らかになります。

② 目を閉じて番号を言っていく

かなり高度な方法ですが、教室に一体感が出てきた頃に行える手法です。目を閉じてもらいます。だれでもいいので「1」と言います。次にまただれでもいいので「2」と言います。だれかとだれかの声が重なってしまったらまた「1」からやり直します。15 人程度であれば案外、声が重なることなく最後までいくこともあります。グループのつくり方はバースデーラインと同様です。グループづくりを目的とせず、アイスブレーキングとして参加者全員でこの活動を楽しんでみるのもオススメです。

なお、目を開けたまま、みんなで円になるなど向き合って番号を言っていく方法もあります。活動現場の状況に応じて使い分けてください。

③ ウェブやスマホのアプリを使う

　毎回ランダムにグループをつくることができるアプリケーションがフリーで公開されています。「グループ分けツール」などのキーワードで検索してみてください。アプリケーションがいくつかヒットすると思います。

2．発表・発言の促し方

　この活動ではグループ活動、ペア活動での対話を大切にしますが、その活動の後、教室全体での共有（発表）をする機会が多くなると思います。発言者をサポーターがあてるのか、参加者の自主的な発言を待つのか、サポーターの皆さんはよく考えてください。まつおは基本的にどういう現場でも、発言者をあてない、指名しないという方法を取っています。時には、少し沈黙がうまれることもありますが、それは決してマイナスではありません。サポーターは勇気を持って参加者の発言を待ってください。待つこともサポーターの役割だと思います。
　参加者の発言を促すには、以下のようにいくつかの方法があります。

① 発表の前のペア活動

　いきなり全体の中での発言を求めるのではなく、まずペアやグループで話すことで緊張感もほぐれますし、話しやすい雰囲気がうまれます。

② 一人で目を閉じて考える

　この方法はかなりチャレンジングな方法です。かなり心にぐっとくるようなインプット（映像資料や読み資料、講演など）があったとき、ペア活動ではなく、あえて1、2分と目を閉じて内省を促し、それから発言を促す方法です。この方法は活動の雰囲気をみて行うことをオススメします。できるタイミングとできないタイミングがあります。

　大切なことがあります。サポーターは参加者から出た意見や考えを否定したり、それに評価を下したりしないでください。明らかに間違いであると感じることもあるでしょうが伝え方を慎重に考えてください。また、日本語自体の間違いに関するフィードバックや訂正も、どの範囲まで、どうやって伝えるのか、あるいはその場ではあえて伝えないのか、よく考えてみましょう。その場その場の判断になることが多いと思いますが、いずれにしても肯定的な雰囲気の場づくりを大切にしましょう。こうした姿勢はグループ活動でも大切なこととなります。グルー

プ活動においても、互いの意見や考えをまずは受け止め、その上で対話をしていく大切さを全員で共有できたらいいですね。

3. アイスブレーキングのいくつかの手法

アイスブレーキングの手法は無限にあると思いますが、代表的なものも存在しています。例えば、「部屋の四隅」や「ランキング」、「フォトランゲージ」などです。これらの手法は、ウェブで検索すれば手法などが説明されているものを見つけることができます。例えば、開発教育協会(DEAR)のウェブサイト(https://www.dear.or.jp/activity/465/)でも説明されています。

ここでは、「部屋の四隅」を紹介します。この活動は、アイスブレーキングで行われることが多い手法です。参加者を知ること、学びへの導入、グループ分けなどを目的として利用されます。サポーターなどが何らかの質問をします。例えば、「日本は暮らしやすい国だと思いますか」と尋ねます。部屋の四隅に「はい」「いいえ」「どちらかといえばそう」「わからない」などと書いた紙を貼っておき、参加者はどれかを選んで移動します。その他にも「どうやって教室まで来ましたか」という質問に対し、「電車」「自転車」「徒歩」「その他」などの答えを準備しておきます。まつおの十八番ネタは、「目玉焼きに何をかけて食べますか」という質問です。この質問はユニット3「たんでぃがぁーたんでぃ」にも出てきます。出身によって答えがさまざま出てきます。皆さんだったら、4つの選択肢として何を選びますか。1つは「その他」にすることをオススメします。ぜひ、試してみてくださいね。

さいごに

皆さんが関わっている活動へのすべての参加者が以下のように感じるようになったら参加者相互の学び合いの輪が広がっていくと思います。

・この活動は楽しそうだ/笑顔が多そうだ。
・この活動では参加者相互の対話が多そうだ。
・この活動ではどのような考えも受け止められそうだ。
・この活動は「教師」が「学習者」に一方的に日本語
　に関する知識を伝えるものではなさそうだ。
・この活動にまた参加してみたい。周りの人にもこの
　活動を紹介したい。

笑顔があふれる活動、安心して参加できる活動、続けて参加したいと思える活動になっていくよう、心より応援しています。

ともに歩く、
ともに生きる

アイス
ブレーキング

1 あなたは、動物を飼ったことがありますか。どんな動物を飼ってみたいと思いますか。

2 盲導犬について、知りましょう。

① この動物は、どんな仕事をすると思いますか。

Ⓐ　　　　　　　Ⓑ　　　　　　　Ⓒ

② 映像を見ましょう。

　サポートサイトに載っている映像を見ましょう。

3 クイズをしましょう。

① どうして、点字ブロックは黄色が多いと思いますか。

② 日本には、視覚障害のある人も読むことができる本

　があります。どのような本だと思いますか。

③ この人は、どのようなメッセージを伝えていると思いますか。

1

クイールは、渡辺さんと生活している盲導犬です。渡辺さんとクイールは、バスで仕事へ行くときも、買い物へ行くときもいっしょです。渡辺さんは、「クイールは、ただ道を教えるだけではなく、いっしょにいるだけで気持ちを明るくしてくれる友だちです*」と言っています。盲導犬と盲導犬ユーザーは、「パートナー」としてともに支え合っているのです。

法律では、盲導犬は、パートナーと施設に入ったり電車に乗ったりすることができると決まっています。しかし日本では、盲導犬の「受け入れ拒否」が大きな問題になっています。2020年の調査によると、盲導犬ユーザーの半分以上が、1年の間に「受け入れ拒否」されました。

同じ社会に生きるすべての人が、盲導犬や盲導犬ユーザーのことを理解することが大切です。盲導犬と盲導犬ユーザー、そして、わたしたちがともに幸せに生活するためには、どのようなことが必要でしょうか。

＊公益財団法人関西盲導犬協会ウェブサイト「盲導犬の一生」を参考に作成

今日のことば

盲導犬	いっしょ [いっしょに]	教える	明るく [明るい]	パートナー
ともに	支え合う	法律	施設	受け入れ拒否	調査	盲導犬ユーザー
半分	以上	社会	理解する	～が必要

考えましょう 話しましょう

❶ 渡辺さんは、クイールのことをどのように言っていますか。

❷ どのような場所で、盲導犬の「受け入れ拒否」があると思いますか。

❸ 盲導犬とわたしたちがともに幸せに生活するためには、どのようなことが必要だと思いますか。

学び合いましょう

1 町の絵を見て、考えましょう。

① 町で困っている人を見つけましょう。

② どのようなことに困っているか、考えましょう。

③ あなたはこの町を歩いています。あなたなら、どうしますか。考えてみましょう。

2 こんなとき、あなたはどうしますか。それはどうしてですか。理由も話しましょう。

　　あなたの友だちのヒロさんは、盲導犬ユーザーです。ある日、あなたはヒロさんと食事をしていました。すると、ヒロさんは急にお腹が痛くなってしまいました。あなたは、ヒロさんと盲導犬と病院へ行きました。しかし、病院の受付で、「盲導犬は病院に入ることができません」と言われました。ヒロさんは盲導犬と病院に入りたいです。あなたなら、どうしますか。

今日の
ふり返り

今日の活動は、どうでしたか。
一人ずつ、自由に、感じたこと、考えたことを話してください。

語彙リスト

	日本語	မြန်မာ	Tiếng Việt	中文	English
1	飼う	မွေးမြူသည်	nuôi (động vật)	养（宠物）	own
2	盲導犬	မျက်စိမမြင်သူအတွက် လမ်းပြခွေး	chó dẫn đường cho người mù	导盲犬	guide dog
3	点字	မျက်မမြင်စာ၊ လက်ဖတ်စာ	chữ nổi (cho người khiếm thị)	盲文	Braille
4	視覚障害	အမြင်အာရုံချို့ယွင်းမှု	người khiếm thị	视觉障碍、盲人	visual impairment
5	いっしょ [いっしょに]	အတူ [အတူတူ]	cùng nhau	一起	with
6	教える	ညွှန်ပြပေးသည်	chỉ dẫn, cho biết	教	teach
7	明るく [明るい]	စိတ်ပေါ့ပါးစွာ [စိတ်ပေါ့ပါးသော]	tươi sáng, vui vẻ	明亮（明亮的）	brighten
8	パートナー	အဖော်	cộng sự, đối tác	伙伴	partner
9	ともに	အတူတကွ	cùng với	一起	together
10	支え合う	အပြန်အလှန်အထောက်အကူ ပြုသည်	hỗ trợ lẫn nhau	互相帮助	support each other
11	法律	ဥပဒေ	pháp luật	法律	law
12	施設	အဆောက်အအုံ	cơ sở vật chất	设施	institution
13	受け入れ拒否	လက်မခံခြင်း	từ chối tiếp nhận	拒绝接收	refusal to accept
14	調査	စစ်တမ်း	khảo sát	调查	survey
15	盲導犬ユーザー	မျက်စိမမြင်သူအတွက် လမ်းပြခွေးကို အသုံးပြုသူ	người dùng chó dẫn đường	导盲犬使用者	guide dog users
16	半分	ထက်ဝက်	phân nửa	一半	half
17	以上	နှင့်အထက်၊ ကျော်	trở lên	以上	more than
18	社会	လူမှုအသိုက်အဝန်း	xã hội	社会	society
19	理解する	နားလည်သည်	lý giải, hiểu	理解	understand
20	～が必要	～လိုအပ်သည်	~ là cần thiết	～是必要的	necessary
21	困る	အခက်တွေ့သည်	gặp khó khăn	困惑	in need
22	受付	အထွေထွေကောင်တာ	tiếp tân	受理	reception

4

アイス
ブレーキング

1 ペットボトルの飲み物を買いますか？

みなさんは、ペットボトルを買いますか。それとも、あまり買いませんか。理由も話してみてください。そして、今、ペットボトルを持っている人はみんなに見せてください。

2 日本のペットボトルのリサイクル

2020 年の日本のペットボトルのリサイクル率は、88.5 % でした。その中で、ペットボトルをリサイクルしてもう一度ペットボトルを作ることを、「ボトル to ボトル」と言います。「ボトル to ボトル」はペットボトルのリサイクルのうち何 % だと思いますか。

a. 約 15 %　　　　b. 約 45 %　　　　c. 約 75 %

3 リサイクル・リユースのためのマーク

このマークは、どのような物についているでしょうか。線を書いて、つなげましょう。

① 　　② 　　③ 　　④

a 　　b 　　c 　　d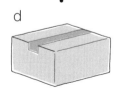

教室の中やみなさんの持ち物には、どのようなマークがありますか。
探してみましょう。

　2020年の世界のごみの量は約22億4,000万トンでした。2050年には、約38億8,000万トンになると言われています。

　ごみを燃やすと、二酸化炭素がたくさん出ます。二酸化炭素は、地球温暖化の原因のひとつです。地球温暖化が進むと、気温が高くなったり、多くの地域で大雨が降ったりします。ごみが増えると、わたしたち人間や生き物たちにも大きな影響があります。

　では、わたしたちは、ごみを増やさないために何ができるでしょうか。そのひとつに、"3R"という取り組みがあります。"3R"とは、Reduce（リデュース：減らす）、Reuse（リユース：再利用する）、Recycle（リサイクル：再資源化する）のことです。マイボトルを使えば、ペットボトルを減らすことができます。フリーマーケットで買い物をすれば、物を再利用することができます。ごみを分別すれば、再資源化することができます。未来のために、わたしたちは何ができますか。

今日のことば

量 ｜ 約 ｜ 億 ｜ 万 ｜ 燃やす ｜ 二酸化炭素 ｜ 地球温暖化 ｜ 原因
〜のひとつ ｜ 進む ｜ 気温 ｜ 降る ｜ 生き物 ｜ 影響がある ｜ 取り組み
減らす ｜ 再利用する ｜ 再資源化する ｜ フリーマーケット ｜ 分別する ｜ 未来

考えましょう　話しましょう

1 2020年から2050年までに、どのくらいごみが増えると言われていますか。

2 ごみが増えて、地球温暖化が進むと、わたしたち人間や生き物にはどのような影響があるでしょうか。知っていることを話しましょう。

3 あなたは"3R"を知っていますか。"3R"について自由に話しましょう。

学び合いましょう

　ごみを増やさないためには、"3 R"の他にも、いろいろな取り組みがあります。この中で、わたしたちができることは何でしょうか。身近なところから考えてみましょう。

（ア）　Reduce（リデュース：減らす）
　　　　例：マイボトルやマイバッグを持ち歩く

（イ）　Reuse（リユース：再利用する）
　　　　例：フリーマーケットを利用する
　　　　　　空き瓶を花瓶にして使う
　　　　　　詰め替え用のシャンプーや洗剤を買う

（ウ）　Recycle（リサイクル：再資源化する）
　　　　例：地域のルールを守って、ごみを分別する
　　　　　　再生紙のノートやティッシュペーパーを買う

古紙パルプ配合率100％再生紙を使用

（エ）　Refuse（リフューズ：断る）
　　　　例：チラシやプラスチックのスプーンなどをもらわない

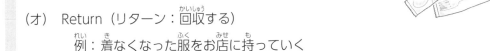

（オ）　Return（リターン：回収する）
　　　　例：着なくなった服をお店に持っていく
　　　　　　使わなくなった携帯電話を買ったお店に持っていく

1 （ア）～（オ）の中で、みなさんがしている取り組みは何ですか。

2 （ア）～（オ）を大切だと思う順番に並べてみましょう。理由もいっしょに考えてください。

3 ごみを減らすために、わたしたちは他にどのような取り組みができるでしょうか。みんなで考えてみましょう。

今日の
ふり返り

今日の活動は、どうでしたか。
一人ずつ、自由に、感じたこと、考えたことを話してください。

語彙リスト

	日本語	မြန်မာ	Tiếng Việt	中文	English
1	量	ပမာဏ	lượng	量	amount
2	約	ခန့်	khoảng	约	approximately
3	億	သန်းရာဂဏန်း	trăm triệu	亿	one hundred million
4	万	သောင်းဂဏန်း	vạn, chục nghìn	万	ten thousand
5	燃やす	မီးရှို့သည်	đốt cháy	燃烧	burn
6	二酸化炭素	ကာဗွန်ဒိုင်အောက်ဆိုဒ်	khí CO$_2$	二氧化碳	carbon dioxide
7	地球温暖化	ကမ္ဘာကြီးပူနွေးလာမှု	hiện tượng nóng lên toàn cầu	地球变暖	global warming
8	原因	အကြောင်းရင်း	nguyên nhân	原因	cause
9	～のひとつ	~များအနက်မှ တစ်ခု	một trong số ~	～的其中之一	one of the ~
10	進む	ဖြစ်ထွန်းသည်	tiếp tục	前进、进展	progress
11	気温	အပူချိန်	nhiệt độ không khí	气温	temperature
12	降る	(မိုး)ရွာသည်၊ (နှင်း)ကျသည်	(mưa, tuyết) rơi	降落	fall
13	生き物	သက်ရှိသတ္တဝါ	sinh vật	生物	living creatures
14	影響がある	အကျိုးသက်ရောက်မှု ရှိသည်	có ảnh hưởng	有影响	have an impact
15	取り組み	ဆောင်ရွက်ချက်	nỗ lực	致力于	initiative
16	減らす	လျှော့ချသည်	làm giảm	减轻、减少	reduce
17	再利用する	ပြန်လည်အသုံးပြုသည်	tái sử dụng	再生	reuse
18	再資源化する	အရင်းအမြစ်အဖြစ် ပြန်လည်အသုံးပြုသည်	tái chế	资源回收、重复利用	recycle
19	フリーマーケット	ပစ္စည်းဟောင်းများ ရောင်းသည့် လဟာပြင်စျေး	tiệm đồ cũ	跳蚤市场	flea market
20	分別する	အမျိုးအစားခွဲခြားသည်	phân loại	区分	separate
21	未来	အနာဂတ်	tương lai	未来	future
22	身近な	မိမိကိုယ်နှင့် နီးစပ်သော	thân thuộc	身边	familiar
23	瓶	ပုလင်း	bình	瓶	bottle
24	断る	ငြင်းသည်	từ chối	拒绝、谢绝	refuse
25	回収する	ပြန်သိမ်းသည်	thu thập	回收	collect

たんでぃがぁーたんでぃ

アイス
ブレーキング

1 目玉焼きに何をつけますか。

醤油、ソース、ケチャップ、塩、その他

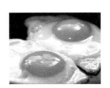

2 道で見るマンホールには、いろいろなデザインがあります。①〜④のデザインは、どの地域にあるマンホールだと思いますか。a〜dから選びましょう。

① （ 　 ）　② （ 　 ）

③ （ 　 ）　④ （ 　 ）

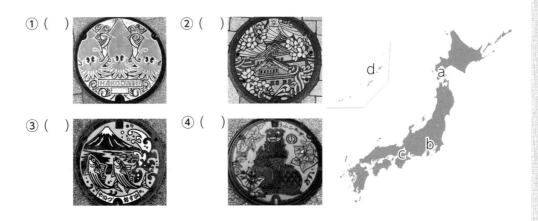

3 いろいろな「ありがとう」を知りましょう。

日本で話されていることばは日本語だけではありません。

それぞれ、どのことばの「ありがとう」だと思いますか。a〜dから選びましょう。

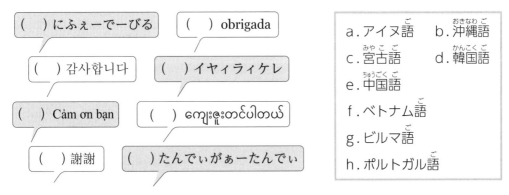

（ 　 ）にふぇーでーびる　　（ 　 ）obrigada

（ 　 ）감사합니다　　（ 　 ）イヤィラィケレ

（ 　 ）Cảm ơn bạn　　（ 　 ）ကျေးဇူးတင်ပါတယ်

（ 　 ）謝謝　　（ 　 ）たんでぃがぁーたんでぃ

a. アイヌ語　　b. 沖縄語
c. 宮古語　　d. 韓国語
e. 中国語
f. ベトナム語
g. ビルマ語
h. ポルトガル語

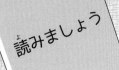

　みなさんは、お雑煮を食べたことがありますか。お雑煮とは、もちや野菜などの食材を使った汁ものの料理です。日本では、お正月にお雑煮を食べる人が多いです。お雑煮は、地域によって使う食材や味付けに違いがあります。千葉県の高橋さんの家庭では、醤油を使って作ったお雑煮を食べます。四角いもちが入っています。香川県の大西さんの家庭では、白みそのお雑煮を食べます。丸いもちで、中にはあんこが入っています。沖縄県の比嘉さんの家庭では、お雑煮ではなく、ソーキ汁を食べます。ソーキ汁には、豚肉や大根が入っています。地域や家庭によって、お正月に食べる料理には違いがあり、お雑煮を食べない人もいます。

　このように、お正月などの行事で食べる料理は多様です。ほかの国や地域では、どのような料理の多様性があるでしょうか。

今日のことば

食べる ｜ 野菜 ｜ 食材 ｜ 使う ｜ 汁もの ｜ 料理 ｜ お正月 ｜ 地域

味［味付け］ ｜ 違い ｜ 家庭 ｜ 四角い ｜ 丸い ｜ 豚肉 ｜ 大根 ｜ 行事

多様［多様性］

考えましょう　話しましょう

1 お雑煮はいつ食べますか。

2 本文を読んで、①〜③に合うものを、下のa〜cから選びましょう。

だれの家庭ですか	何を食べますか
高橋さん（千葉県）	①
大西さん（香川県）	②
比嘉さん（沖縄県）	③

a．ソーキ汁

b．醤油のお雑煮、四角いもち

c．白みそのお雑煮、あんこのもち

＼ いっしょに ／

学び合いましょう

1 話しましょう。

① あなたの国や地域には、どのような行事がありますか。
また、あなたが一番大切にしている行事があれば、話しましょう。

② ①のときや、お祭りや、お祝いのとき、どんな料理を食べますか。

 例えば……

> インドネシアでは、
> 誕生日などのお祝いのときに、
> nasi tumpeng を食べる

> ミャンマーでは、
> お正月に
> မုန့်လုံးရေပေါ် を食べる

> 1月14日
> 福島県会津坂下町の「大俵引き」

> 3月8日
> International Women's Day (Mimosa Day)

2 買い物をしましょう。

> みんなで夜ごはんをつくります。使えるお金は 2,000 円です。

① p.62 のチラシを見て、わからないことばがあれば、確認しましょう。

② どんな料理をつくるか考えましょう。
＊米や麺、小麦粉、調味料などはあります。
＊ジュースやお酒などの飲み物もあります。

③ 何を買うか決めましょう。

④ 最後に発表しましょう。

今日の
ふり返り

今日の活動は、どうでしたか。
一人ずつ、自由に、感じたこと、考えたことを話してください。

語彙リスト

	日本語	မြန်မာ	Tiếng Việt	中文	English
1	食べる	စားသည်	ăn	吃、用餐	eat
2	野菜	ဟင်းသီးဟင်းရွက်	rau củ	蔬菜	vegetables
3	食材	ပါဝင်ပစ္စည်း	nguyên liệu	食材	food
4	使う	အသုံးပြုသည်	sử dụng	用、使用	use
5	汁もの	ဟင်းချို	súp, canh	汤	soup
6	料理	ဟင်းလျာ	món ăn	烹饪	cooking
7	お正月	နှစ်သစ်ကူးကာလ	tết	春节	New Year's
8	地域	ဒေသ	địa phương	地区、地域	region
9	味 [味付け]	အရသာ [အရသာထည့်ပုံ]	gia vị (nêm gia vị)	味道 (调味)	flavor [seasoning]
10	違い	ကွဲပြားမှု	sự khác biệt	不同、不一样	differ
11	家庭	မိသားစု	gia đình	家庭	household
12	四角い	စတုဂံပုံရှိသော	hình tứ giác	正方形	square
13	丸い	လုံးသော၊ ဝိုင်းသော	tròn	圆形	round
14	豚肉	ဝက်သား	thịt heo	猪肉	pork
15	大根	မုန်လာဥဖြူ	củ cải trắng	萝卜	radish
16	行事	ပွဲလမ်းသဘင်	sự kiện, lễ hội	活动	event
17	多様 [多様性]	ကွဲပြားခြားနားသော [ကွဲပြားခြားနားမှု]	đa dạng (tính đa dạng)	多样 (多样性)	variety [diversity]
18	大切	အလေးထားသော	quan trọng	重要	important
19	お祭り	ပွဲတော်	lễ hội	节日、庙会	festival
20	お祝い	(မင်္ဂလာပွဲ၊ အထိမ်းအမှတ်ပွဲ စသည်) အခမ်းအနား	chúc mừng, ăn mừng	祝贺	celebration

その日のために「今」

1 話しましょう。

最近、どこへ行きましたか。最近行った中でいちばん遠かったところについて話しましょう。

2 災害についてのことばを知りましょう。

地震	津波	台風	大雨	洪水
火山の噴火	土砂崩れ	大雪		
雷（雷雨）	暴風（暴風雨・暴風雪）			

(⇒ p.18)

3 イラストを見て考えましょう。

① Ⓐ と Ⓑ は、それぞれどんな意味がありますか。

Ⓐ

Ⓑ

② 次のことは正しいですか。間違っていますか。

> 外出中に被災したら、その地域の避難所を使うことができる。

③ 次のことは正しいですか。間違っていますか。

> 避難所には、ハラルフードやアレルギーがある人のための食べ物がある。

卵　牛乳　小麦　そば
大豆　落花生　カニ　エビ

日本は、地震や台風などの災害が多いです。

ネパール出身のロナさんが日本に来て7年目のとき、大きな地震がありました。部屋の中のタンスが倒れたり、食器が割れたりしました。地震のとき、ロナさんは何をすればいいのか、どこに避難すればいいのかわかりませんでした。ロナさんは、「いつもは日本語がわかりますが、地震のときはよくわかりませんでした」と言います。

佐藤さんは一人暮らしです。左手足に障害があり、いつも杖を使っています。家の近くには川があり、大雨のときには氾濫するかもしれません。佐藤さんは、一人で安全に避難することができません。

災害は、いつ起こるかわかりません。災害のときに自分の力で避難できない人はどうすればよいのでしょうか。また、わたしたちは何ができるのでしょうか。

今日のことば

多い [⇔少ない] ｜ 出身 ｜ 来る ｜ ～年目 ｜ 部屋 ｜ タンス ｜ 倒れる

食器 ｜ 割れる ｜ 避難する ｜ 一人暮らし ｜ 障害 ｜ 杖 ｜ 使う ｜ 家 ｜ 近く

川 ｜ 氾濫 ｜ 安全 ｜ 起こる

考えましょう　話しましょう

1 地震のとき、ロナさんの部屋の中はどうなりましたか。

2 地震のとき、ロナさんはどうして日本語がわからなかったと思いますか。

3 みんなで確認しましょう。

教室からいちばん近い避難場所はどこですか。

また、あなたの家からいちばん近い避難所はどこですか。

いっしょに

学び合いましょう

1 「わたしの避難カード」を書いてみましょう。

災害はいつ起こるかわかりませんから、今から準備することが大切です。

「わたしの避難カード」は、自分のことを書くカードです。

いつも持っておくといいです。

＊巻末資料「わたしの避難カード」（pp.63-67）を使ってください。

2 こんなとき、あなたはどうしますか。

避難所に来ましたが、トイレは断水で使うことができません。

仮設トイレができるまで、あなたはどうしますか。

必要なものや今から準備できるものなどを考えてください。

3 避難所での生活について考えましょう。

大きな地震があり、あなたは避難所である小学校に避難しました。

避難所では、人の話し声やいびき、子どもの泣き声が聞こえています。

ペットの鳴き声も聞こえてきました。

ゆっくり休みたいですが、むずかしいです。

すべての人が安心して、安全に避難生活を

するために、どうすればいいと思いますか。

今日の
ふり返り

今日の活動は、どうでしたか。

一人ずつ、自由に、感じたこと、考えたことを話してください。

15

語彙リスト

	日本語	မြန်မာ	Tiếng Việt	中文	English
1	被災	ဘေးအန္တရာယ်သင့်ခြင်း	thảm họa	受灾	disaster
2	ハラルフード	ဟလာလ်အစားအစာ	thức ăn cho người Hồi giáo	清真食品	halal food
3	アレルギー	ဓာတ်မတည့်ခြင်း	dị ứng	过敏	allergy
4	多い [⇔少ない]	များသော [↔ နည်းသော]	nhiều (↔ít)	多 (↔ 少)	many [↔few]
5	出身	ဇာတိ	xuất thân từ	哪里人	from
6	来る	လာသည်	đến	来	come
7	～年目	~နှစ်မြောက်	năm thứ ~	第~年	~ year
8	部屋	အခန်း	phòng	房间	room
9	タンス	အံဆွဲဗီရို	tủ ngăn kéo	衣柜	dresser
10	倒れる	လဲပြိုသည်	ngã, sập xuống	倒下	fall over
11	食器	ပန်းကန်ခွက်ယောက်	bát đĩa	餐具	dishes
12	割れる	ကွဲသည်	vỡ	破碎	break
13	避難する	တိမ်းရှောင်သည်	lánh nạn	避难	evacuate
14	一人暮らし	မိမိတစ်ဦးတည်း နေထိုင်ခြင်း	sống một mình	一个人生活 (独自居住)	living alone
15	障害	မသန်စွမ်းမှု	khiếm khuyết	残疾	disability
16	杖	လမ်းလျှောက်တုတ်	gậy	拐杖	cane
17	使う	အသုံးပြုသည်	sử dụng	用、使用	use
18	家	နေအိမ်	nhà	家	home
19	近く	အနီးအနား	gần	附近	near
20	川	မြစ်၊ ချောင်း	sông	河	river
21	氾濫	ရေကြီးရေလျှံမှု	lụt, triều cường	泛滥、洪水、水淹	flood
22	安全	ဘေးကင်းလုံခြုံမှု	an toàn	安全	safe
23	起こる	ဖြစ်ပွားသည်	xảy ra	发生	happen
24	準備	ကြိုတင်ပြင်ဆင်မှု	chuẩn bị	准备	preparation

	日本語	မြန်မာ	Tiếng Việt	中文	English
25	たいせつ 大切	အရေးကြီးသော	quan trọng	重要	important
26	だんすい 断水	ရေပြတ်တောက်မှု	cắt nước, không cung cấp nước	断水、停水	water outage
27	か せつ 仮設	ယာယီ	(công trình) tạm thời	临时设置	temporary

<ruby>災害<rt>さいがい</rt></ruby>についてのことば

日本語	မြန်မာ	Tiếng Việt	中文	English
地震 <small>じしん</small>	လှုပ်ရှား	động đất	地震	earthquake
津波 <small>つなみ</small>	ဆူနာမီ	sóng thần	海啸	tsunami
台風 <small>たいふう</small>	တိုင်ဖွန်းမုန်တိုင်း	bão	台风	typhoon
大雨 <small>おおあめ</small>	မိုးသည်းထန်စွာ ရွာသွန်းမှု	mưa to	大雨	heavy rain
洪水 <small>こうずい</small>	ရေကြီးရေလွှမ်းမှု	lũ lụt	洪水	flood
火山の噴火 <small>かざん ふんか</small>	မီးတောင် ပေါက်ကွဲမှု	núi lửa phun trào	火山爆发	volcanic eruption
土砂崩れ <small>どしゃくず</small>	မြေပြိုမှု	lở đất	滑坡、土崩、 塌方	landslide
大雪 <small>おおゆき</small>	နှင်းထူထပ်စွာ ကျမှု	tuyết dày đặc	大雪	heavy snow
雷 <small>かみなり</small>	မိုးကြိုး	sấm sét	落雷	thunder
雷雨 <small>らいう</small>	မိုးကြိုးမုန်တိုင်	mưa giông	雷雨	thunderstorm
暴風 <small>ぼうふう</small>	လေပြင်းတိုက်ခတ်မှု	gió bão	暴风	wind storm
暴風雨 <small>ぼうふうう</small>	မိုးသက်လေပြင်း	mưa bão	暴风雨	rain storm
暴風雪 <small>ぼうふうせつ</small>	နှင်းမုန်တိုင်း	bão tuyết	暴风雪	snow storm

カカオをつくったのは
ボク

アイス
ブレーキング

1 好きな飲み物は何ですか。

2 買い物について

あなたは、買い物をするとき、次のことをチェックしますか。

① 値段　　　② 消費期限、賞味期限

③ 原材料　　④ 生産地や原産地

⑤ 形、デザイン　など

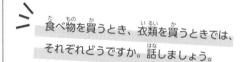

食べ物を買うとき、衣類を買うときでは、
それぞれどうですか。話しましょう。

3 読む前に知っておきましょう。

次の3つは、子どもが教育を受けずに仕事をすることや
危険な仕事をすることの例で、児童労働といいます。
アルバイトや家の手伝いとは違います。

例)　・8歳の子どもが、家族のため、学校へ行かずに、
　　　農園で働く。
　　・10歳の子どもが、学校へ行かずに、
　　　サッカーボールを作る工場で働く。
　　・16歳の子どもが、レンガ工場で働く。

①〜③について、あなたはどう思いますか。話しましょう。

① 教育を受けずに働くことはいいことだと思いますか。

② 何歳から働いてもいいと思いますか。

③ 子どもがしてもいい仕事があると思いますか。あるとしたらどういう仕事ですか。

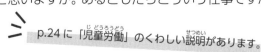

p.24に「児童労働」のくわしい説明があります。

エマさんは、家族を支えるため7歳からカカオ農園で働いています。今、12歳です。学校へ行ったことはありません。朝5時に起きて農園へ行きます。カカオを収穫したり、運んだりします。カカオは頭にのせて運びますから、体が痛くなります。疲れても休むことはできません。

世界には、エマさんのような児童労働者がたくさんいます。児童労働は、貧困の問題と関係があり、貧困状態にある家庭では、多くの子どもがお金を稼ぐため仕事をしています。

日本にも貧困状態にある子どもがいます。日本では、経済的な理由で習いごとができなかったり、高校や大学に行くことができなかったりする子どもが多いです。また、十分にごはんを食べられなかったり、栄養が足りなかったりする子どももいます。

すべての子どもたちを守るために、わたしたちに何ができるでしょうか。

今日のことば

支える	農園	働く	収穫する	運ぶ	頭	〜にのせる	痛い
疲れる	休む	児童労働	貧困（状態）	家庭	（お金を）稼ぐ
経済的	理由	習いごと	高校	大学	十分	栄養
足りる [⇔足りない]	守る

考えましょう　話しましょう

1 エマさんは、どうしてカカオ農園で働いていますか。

2 学校へ行くことができないと、どのような問題が起こりますか。

3 あなたの国や地域には、エマさんのような子どもがいますか。

いっしょに

学び合いましょう

1 見て、考えましょう。

① サポートサイトで紹介している映像や資料を見ましょう。

② ①の映像や資料を見て、どう感じましたか。あなたが感じたことを話しましょう。

2 読んで、考えましょう。

児童労働を少なくするために、例えば、以下のようなことがあります。

(ア) 「児童労働」について、家族や友人に話す。

(イ) 「児童労働」について調べたり、勉強したりする。

(ウ) SNS を使って、「児童労働」の問題を多くの人に伝える。

(エ) 普通の値段より高くても、「児童労働がない」商品を買う。

(オ) 「児童労働」をなくすために活動している団体を支援する
(募金／ボランティアをする)。

① (ア)〜(オ)を読んで、理解しましょう。

② (ア)〜(オ)を読んで、どう考えましたか。自由に話しましょう。

今日の
ふり返り

今日の活動は、どうでしたか。
一人ずつ、自由に、感じたこと、考えたことを話してください。

語彙リスト

	日本語	မြန်မာ	Tiếng Việt	中文	English
1	支える	ထောက်ပံ့ပေးသည်	hỗ trợ	支撑	support
2	農園	စိုက်ခင်း	ruộng, vườn	农园	farm
3	働く	အလုပ်လုပ်သည်	làm việc	工作、劳动	work
4	収穫する	သီးနှံရိတ်သိမ်းဆွတ်ခူးသည်	thu hoạch	收获	harvest
5	運ぶ	သယ်ဆောင်သည်	mang vác	运送、搬运	carry
6	頭	ဦးခေါင်း	đầu	头	head
7	～にのせる	~အပေါ်တင်သည်	đặt lên ~	装 (车)、戴 (头上)	~ put on
8	痛い	နာသော	đau	痛、疼	hurt
9	疲れる	ပင်ပန်းသည်	mệt mỏi	劳累	get tired
10	休む	နားသည်	nghỉ ngơi	休息	rest
11	児童労働	ကလေးလုပ်သားခိုင်းစေမှု	lao động trẻ em	童工	child labor
12	貧困 (状態)	ဆင်းရဲမွဲတော်မှု (အနေအထား)	(tình trạng) nghèo đói	贫困 (的状态)	poverty (state)
13	家庭	အိမ်ထောင်စု	gia đình	家庭	home
14	(お金を) 稼ぐ	(ငွေ)ရှာသည်	kiếm (tiền)	赚(钱)、挣(钱)	earn (money)
15	経済的	စီးပွားရေးနှင့်ဆိုင်သော	về mặt kinh tế	经济	economic
16	理由	အကြောင်းရင်း	lí do	理由	reason
17	習いごと	ကျောင်းပြင်ပ လေ့လာမှု	học thêm	学技艺、上兴趣班	take lessons
18	高校	အထက်တန်းကျောင်း	trung học phổ thông	高中	high school
19	大学	တက္ကသိုလ်	đại học	大学	college
20	十分	လုံလောက်သော	đủ	充分	sufficient
21	栄養	အာဟာရ	dinh dưỡng	营养	nutrition
22	足りる [⇔足りない]	ပြည့်စုံသည် [↔ ချို့တဲ့သည်]	đủ (↔ không đủ)	够 (↔ 不够)	enough [↔ not enough]

	日本語	မြန်မာ	Tiếng Việt	中文	English
23	守る	ကာကွယ်သည်	bảo vệ	保护、遵守（规则)	protect
24	値段	ဈေးနှုန်း	giá tiền	价格	price
25	商品	ရောင်းကုန်	sản phẩm	商品	goods
26	団体	အဖွဲ့အစည်း	đoàn thể	团体	organization
27	支援する	ထောက်ပံ့သည်	ủng hộ	支援	support

児童労働とは

　児童労働とは、子どもが働くことすべてを意味することばではありません。児童労働とは、15 歳未満（開発途上国では 14 歳未満）の子どもが教育を受けずに働くことです。また、18 歳未満の子どもが危険な仕事をすることも、児童労働といいます。児童労働について知るために、以下の 4 つのポイントがあります。

(1) 子どもの教育

　15 歳（開発途上国では 14 歳）までは、教育を受けることが子どもの権利ですから、教育を受けずに働くことはいいことではありません。

(2) 子どもの成長

　子どもは、心と身体が成長途中です。重いものを運んだり、長い時間同じ姿勢で仕事をしたりすることは、子どもの成長に悪いです。

(3) 有害で危険な仕事

　レンガ工場や鉱山などでの仕事はとても危険です。また、農薬など有害なものを吸ったり、触ったりすることで、病気になることがあります。子どもを危険、有害な状況から守ることは、大人の責任です。

(4) 子どもを搾取する仕事

　働いた分の賃金がもらえなかったり、休ませてもらえなかったりすることを「搾取」といいます。子どもは大人よりも弱い立場にありますから、大人は子どもを守る必要があります。

Every Child Has a Beautiful Name

アイス
ブレーキング

❶ 大切なもの

今日持っているものの中で、いちばん大切なものをみんなに見せてください。みんないっしょに見せます。「5、4、3、2、1、0」とみんなで言って、「0」と言ったときに、全員がみんなに見せてください。見せたあとで、1人ずつ説明してください。

❷ 標識クイズ

① この標識は、どのような意味だと思いますか。

Ⓐ

Ⓑ

② この標識は、どこにあると思いますか。

a. 日本　　　b. フィンランド

c. ロシア　　d. オーストラリア

❸ 世界・日本のルール

世界にはたくさんのルールがあります。

例)　・ゴミは曜日で捨てるものが違う (日本)

　　　・レシートは必ず持ち帰る (イタリア)

　　　・ドリアンを持ってバスや電車に乗ってはいけない (シンガポール)

　　　・大きいかばんを持ってスーパーに入ってはいけない (中国など)

みなさんの国や地域にはどのようなルールがありますか。

みなさんがおもしろいと思った順番、びっくりした順番に並べてみましょう。

すべての人は、安全な水やトイレが必要です。病気になったら病院に行きたいです。だれでも安心して勉強できる社会、自分の考えを自由に話すことができる社会に住みたいです。性別や障害、民族、宗教で差別されない社会をつくりたいです。これらはすべて、わたしたちが生まれたときからもっている権利です。では、世界中のみんなが安全に、そして、安心して生きているでしょうか。

きれいで安全な水を飲むことができるのは、世界で 74 % の人だけです。識字率は日本でも 100 % ではありません。日本でもいろいろな理由で、学校で勉強することができなかった人がいます。国境なき記者団の「報道の自由のランキング」では、日本は 2010 年に 11 位でした。しかし、2021 年は 67 位になりました。

だれにとっても生きやすい世界をつくるために、わたしたちは何ができるでしょうか。

今日のことば

安全	必要	安心する	考え	性別	障害	民族	宗教	差別する
権利	世界中	生きる	識字率	理由	国境なき記者団			
報道の自由	ランキング	〜位	(生き)やすい					

考えましょう　話しましょう

1 もし安全な水やトイレがなかったら、生活はどうなるでしょうか。

2 だれでも安心して勉強できる社会とはどのような社会でしょうか。

3 日本の識字率が 100 % ではない理由を考えて、話しましょう。

4 日本の「報道の自由のランキング」が下がった理由は何でしょうか。

\いっしょに/

学び合いましょう

1 グループで考えて、発表しましょう。

　　みなさんは、いま、熱気球に乗っています。楽しく乗っていましたが、突然、下に落ち始めました。このままだと、とても危ないです。ですから、荷物を落とす必要があります。熱気球には5つの権利が荷物としてのっています。どの権利から落としますか。落とす順番を決めてください。グループで考えましょう。そのあと、発表しましょう。

【 荷物 】

(ア)　安心して質の高い教育を受けることができる権利

(イ)　自由に考えたことを言ったり、書いたりすることができる権利

(ウ)　お金がなくても病院に行って診療を受けることができる権利

(エ)　安全なトイレが使えて、生活に必要な水を得られる権利

(オ)　性別や障害、民族、宗教によって差別されない権利

① 最初に落とす権利は何ですか。理由も考えてください。

② 最後に残す権利は何ですか。理由も考えてください。

2 この活動 (**1**) をして、感じたこと、考えたことは何ですか。

今日の
ふり返り

今日の活動は、どうでしたか。
一人ずつ、自由に、感じたこと、考えたことを話してください。

語彙リスト

	日本語	မြန်မာ	Tiếng Việt	中文	English
1	安全 (あんぜん)	ဘေးကင်းစိတ်ချရသော	an toàn	安全	safe
2	必要 (ひつよう)	လိုအပ်သော	thiết yếu	必要	need
3	安心する (あんしん)	စိတ်အေးသည်	cảm thấy an tâm	放心	with peace of mind
4	考え (かんが)	အတွေးအခေါ်	suy nghĩ	考虑	thoughts
5	性別 (せいべつ)	လိင်အမျိုးအစား	giới tính	性别	gender
6	障害 (しょうがい)	မသန်စွမ်းမှု	khiếm khuyết, khuyết tật	残疾	disability
7	民族 (みんぞく)	လူမျိုး	dân tộc	民族	ethnicity
8	宗教 (しゅうきょう)	ကိုးကွယ်မှုဘာသာ	tôn giáo	宗教	religion
9	差別する (さべつ)	ခွဲခြားဆက်ဆံသည်	phân biệt đối xử	差别	discriminate
10	権利 (けんり)	အခွင့်အရေး	quyền lợi	权力	rights
11	世界中 (せかいじゅう)	တစ်ကမ္ဘာလုံး	trên toàn thế giới	全世界	around the world
12	生きる (い)	အသက်ရှင်နေထိုင်သည်	sống	生存、活着、活下去	live
13	識字率 (しきじりつ)	စာတတ်မြောက်မှုနှုန်း	tỉ lệ biết chữ	识字率	literacy rate
14	理由 (りゆう)	အကြောင်းရင်း	lí do	理由	reasons
15	国境なき記者団 (こっきょう)(きしゃだん)	နယ်စည်းမခြား သတင်းထောက်များအဖွဲ့	tổ chức Phóng viên không biên giới	无国界记者	Reporters Without Borders
16	報道の自由 (ほうどう)(じゆう)	သတင်းလွတ်လပ်ခွင့်	tự do báo chí	新闻自由	freedom of the press
17	ランキング	အဆင့်သတ်မှတ်ချက်	bảng xếp hạng	排行、排行榜	ranking
18	～位 (い)	အဆင့် ~	hạng ~	第～名	~ place
19	(生き)やすい (い)	(အသက်ရှင်နေထိုင်)ရန် အဆင်ပြေသော	dễ (sống)	便于 (生存)	easy (to live)
20	質 (しつ)	အရည်အသွေး	chất lượng	质量、～质	quality
21	診療 (しんりょう)	ဆေးကုသမှု	chữa bệnh	诊疗	medical treat-ment
22	得られる (え)	ရရှိနိုင်သည်	có thể có được	得到	obtain

旅に出よう

アイス
ブレーキング

1 今日、教室まで何で来ましたか。

2 あなたの好きな乗り物は何ですか。また、乗ったことがある乗り物は何ですか。

3 みなさんが今まで行った中でいちばんオススメの場所はどこですか。

（日本、沖縄県、古宇利大橋）

（台湾、台北、雙連朝市）

写真を見せてもいいですね。

29

　みなさんは、冒険家と聞いてどんな人を思い浮かべますか。島根県出身の永瀬さんは、子どものときから冒険家に憧れて、19歳のときに歩いて日本縦断をしました。日本縦断の途中、手では持ちきれない荷物を載せるため、リヤカーを買いました。そのあとは、オーストラリア大陸やアフリカ大陸など、世界のさまざまな場所をリヤカーを引いて歩きました。永瀬さんが今まで歩いた距離は 47,000 km 以上で、地球一周と同じくらいだと言われています。

　永瀬さんは、リヤカーを引いて歩く旅をしましたが、ほかにもヨットや一輪車などの乗り物で旅をした人もいます。また、世界中の子どもたちにダンスを教える旅をした人や、旅をしながらいろいろな国や地域で書道をした人もいます。

　あなたは、どんな旅がしたいですか。

今日のことば

冒険家	思い浮かべる	出身	憧れる	縦断	途中	持ちきれない
載せる	リヤカー	引く	距離	以上	～周	～と同じくらい
ヨット	一輪車	世界中	教える	～をしながら	書道

考えましょう　話しましょう

1 永瀬さんはどうしてリヤカーを買いましたか。

2 永瀬さんはリヤカーにどのようなものを載せていると思いますか。

3 あなたは、どのような旅がしたいですか。

\ いっしょに /

学び合いましょう

1 みんなで世界一周旅行をしましょう。

① 紙に世界地図を
かきましょう。

② 旅の計画を立てましょう。

旅のルール

ルール1
日本から出発して
日本に戻ってきま
しょう

ルール2
1か月で日本に
戻りましょう

ルール3
必ず5つの大陸に
行きましょう

ルール4
必ずメンバーの
出身地に行きま
しょう

ルール5
どこで何をするか決めましょう
（例：イタリアのミラノでサッカー
をみる）

③ 旅の計画を発表しましょう。

**今日の
ふり返り**

今日の活動は、どうでしたか。
一人ずつ、自由に、感じたこと、考えたことを話してください。

語彙リスト

日本語	မြန်မာ	Tiếng Việt	中文	English
1 冒険家 （ぼうけん か）	စွန့်စားသူ	nhà thám hiểm	冒险家	adventurer
2 思い浮かべる （おも う）	စိတ်ထဲမြင်ယောင်စေသည်	hình dung, gợi lại	浮现在脑海里	come to mind
3 出身 （しゅっしん）	ဇာတိ	xuất thân từ	哪里人	from
4 憧れる （あこが）	အားကျသည်	ngưỡng mộ	憧憬	admire
5 縦断 （じゅうだん）	ခရီးလှည့်ပတ်သည်	dọc	纵断	travel across
6 途中 （と ちゅう）	လမ်းခုလတ်	giữa chừng	中途	on the way
7 持ちきれない （も）	မသယ်ဆောင်နိုင်သော	không thể xách hết	拿不动	can't hold
8 載せる （の）	တင်ဆောင်သည်	chất lên, đặt lên	装载	carry
9 リヤカー	ဆွဲလှည်း	xe kéo	两轮拖车	a wheeled cart
10 引く （ひ）	ဆွဲသည်	kéo	拉	pull
11 距離 （きょ り）	အကွာအဝေး	cự li	距离	distance
12 以上 （い じょう）	ကျော်	trở lên	以上	more than
13 ～周 （しゅう）	～ပတ်	~ vòng	～周	around ~
14 ～と同じくらい （おな）	~နှင့် အတူတူလောက်	tương tự với ~	与~相同	as much as ~
15 ヨット	ရွက်လှေ	thuyền buồm	帆船	yacht
16 一輪車 （いちりんしゃ）	တစ်ဘီးစက်ဘီး၊ ယူနီဆိုင်ကယ်	xe 1 bánh	独轮车	unicycle
17 世界中 （せ かいじゅう）	ကမ္ဘာတစ်ဝန်း	trên toàn thế giới	全世界	around the world
18 教える （おし）	သင်ပေးသည်	chỉ, dạy	教	teach
19 ～をしながら	~စဉ်အတွင်း၊ ~ရင်း	trong khi đang ~	一边~，一边~	while ~
20 書道 （しょどう）	စုတ်တံသုံး ဂျပန်လက်ရေးလှ ပညာ	thư pháp	书法	calligraphy
21 計画 （けいかく）	အစီအစဉ်	kế hoạch	计划	plan

小さな思いやり

アイス
ブレーキング

1 みんなの持ち物を見てみましょう。

今日持っているものの中で、いちばん気に入っているものを見せてください。

見せたあとで、1人ずつ説明をしてもいいですね。

2 ユニバーサルデザインについて学びましょう。

すべての人が使いやすいようにデザインすることを「ユニバーサルデザイン」と言います。

① 家にあるユニバーサルデザイン

2つのデザインはどこが違いますか。デザインが違うのはどうしてでしょうか。

Ⓐ 　Ⓑ 　Ⓒ

② 町にあるユニバーサルデザイン

だれに便利なデザインでしょうか。

Ⓐ 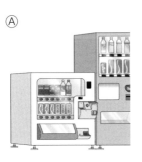　Ⓑ 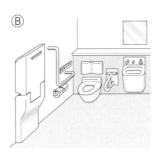　Ⓒ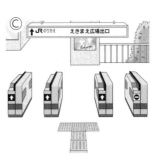

ユニバーサルデザインはすべての人のためのデザインです。街やもの、システム、サービスなどをだれにでも使いやすいようにデザインします。わたしたちの生活の中にもたくさんのユニバーサルデザインがあります。

駅やデパートにある多目的トイレは、すべての人が使いやすいデザインです。トイレの中は広く、車いすや子ども連れの人も安心して使うことができます。しかし、最近は化粧や休憩などで使う人が増えています。そのため、多目的トイレを必要としている人が使えない問題が起きています。

わたしたちは生活の中で子どもや高齢者、障害がある人など、たくさんの人に出会います。もののユニバーサルデザインだけでなく、困っている人に声をかけたり、電車で席を譲ったり、思いやりをもって行動することが大切です。

今日のことば

ユニバーサルデザイン ｜ ～のため ｜ システム ｜ サービス ｜ （使い）やすい
～ように ｜ 多目的トイレ（バリアフリートイレ） ｜ 車いす ｜ 子ども連れ
安心する ｜ 必要とする ｜ （問題が）起きる ｜ 高齢者 ｜ 障害 ｜ 出会う
困る ｜ 声をかける ｜ （席を）譲る ｜ 思いやり ｜ 行動する

考えましょう　話しましょう

1 ユニバーサルデザインはどのようなデザインでしょうか。

2 多目的トイレを必要としている人はどのような人だと思いますか。

3 教室の中にあるユニバーサルデザインを探しましょう。

\いっしょに/
学び合いましょう

1 ここにあなたがいたら、どうしますか。

① 赤ちゃんを抱いている人

② 電車のアナウンスが聞こえない人

③ 認知症に見える人

2 こんなとき、あなたはどうしますか。それはどうしてですか。理由も話しましょう。

今日は 10 時から仕事があります。今は 9 時 50 分です。

会社まで 5 分かかりますから、急いでいます。

しかし、道で困っている人を見つけました。

サポートしたいですが、サポートすると
仕事に遅れるかもしれません。

Ⓐ サポートをしないで仕事に行きます。

Ⓑ 少し仕事に遅れてもサポートします。

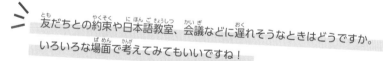

友だちとの約束や日本語教室、会議などに遅れそうなときはどうですか。
いろいろな場面で考えてみてもいいですね！

3 自分にできることを宣言しましょう。

わたし／わたしたちは（　　　　　　　　　　　　　）をします！

今日の
ふり返り

今日の活動は、どうでしたか。
一人ずつ、自由に、感じたこと、考えたことを話してください。

語彙リスト

	日本語	မြန်မာ	Tiếng Việt	中文	English
1	ユニバーサルデザイン	လူတိုင်းအတွက် ကမ္ဘာသုံးပုံစံ	thiết kế dành cho mọi người	通用设计	universal design
2	～のため	~အတွက်	dành cho	为了~	for ~
3	システム	စနစ်	hệ thống	系统	systems
4	サービス	ဝန်ဆောင်မှု	dịch vụ	服务	services
5	(使い)やすい	(အသုံးပြု)ရ လွယ်ကူသော	dễ (sử dụng)	便于 (使用)	easy (to use)
6	～ように	~အောင်	để ~	如~一样	so that ~
7	多目的トイレ [バリアフリートイレ]	ရည်ရွယ်ချက် မျိုးစုံအတွက် အသုံးပြုနိုင်သော အိမ်သာ (မသန်စွမ်းသူများအတွက် အတားအဆီးမဲ့ အိမ်သာ)	nhà vệ sinh đa năng (Nhà vệ sinh cho mọi đối tượng)	多功能厕所 (无障碍厕所)	multi-purpose restroom [barrier-free restroom]
8	車いす	ဘီးတပ်ကုလားထိုင်	xe lăn	轮椅	wheelchair
9	子ども連れ	ကလေးသူငယ်လိုက်ပါသူ	dẫn theo trẻ em	带小孩	with children
10	安心する	စိတ်ချသည်	cảm thấy an tâm	放心	with peace of mind
11	必要とする	လိုအပ်သည်	cần thiết	必需	need
12	(問題が)起きる	(ပြဿနာ)ဖြစ်ပွားသည်	(vấn đề) xảy ra	发生 (问题)	(problems) arise
13	高齢者	သက်ကြီးရွယ်အို	người cao tuổi	老年人	elderly
14	障害	မသန်စွမ်းမှု	khiếm khuyết, khuyết tật	残疾	disability
15	出会う	ကြုံဆုံသည်	bắt gặp	遇见	encounter
16	困る	အခက်တွေ့သည်	gặp khó khăn	为难	in need
17	声をかける	(အကူအညီပေးရန်) စကားကမ်းလှမ်းသည်	bắt chuyện	招呼	call out to
18	(席を)譲る	(ထိုင်ခုံ)ပေးသည်	nhường (chỗ)	让座	give up (your seat)
19	思いやり	စာနာစိတ်	quan tâm	关怀、体谅	consideration
20	行動する	ဆောင်ရွက်သည်	hành động	行动	act
21	認知症	မှတ်ဉာဏ်ချို့ယွင်းမှုရောဂါ	suy giảm trí nhớ	痴呆症	dementia
22	宣言する	ကြေညာသည်	tuyên bố	宣布	declare

Mottainai

アイス
ブレーキング

1 あなたのふるさとや、住んでいる町のオススメの食べ物について話しましょう。

2 買い物について

食べ物は、いつもどこで買いますか。

また、買い物をするとき、気をつけていることはありますか。

3 見て、考えましょう。

この数字は、どのような意味がありますか。

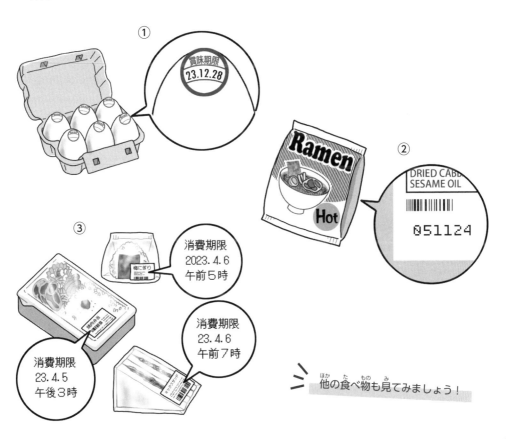

① 賞味期限 23.12.28

② DRIED CABB SESAME OIL 051124

③ 消費期限 2023. 4. 6 午前5時

消費期限 23. 4. 6 午前7時

消費期限 23. 4. 5 午後3時

他の食べ物も見てみましょう！

　日本では、まだ食べられるのに捨てられる食品、「食品ロス」がとても多いです。傷がついたものや形が悪いものは食品ロスになります。また、消費期限や賞味期限になっていなくても、捨てられる食品もあります。

　このような食品ロスの問題を減らすために、2019年、食品ロス削減推進法ができました。この法律ができてから、コンビニやスーパーなどの店は食品ロスを減らそうとしています。総菜やおにぎりの消費期限を延ばすために、作り方を変えたり、売り場の温度を低くしたりしています。

　しかし、食品ロスの約半分はわたしたちの家庭から出ています。食品ロスを減らすために、コンビニやスーパーなどの店だけではなく、わたしたちにはどのようなことができるでしょうか。

今日のことば

捨てる [捨てられる] ｜ 食品ロス [フードロス] ｜ 傷 ｜ 悪い [⇔良い・いい]
消費期限 ｜ 賞味期限 ｜ 減らす [⇔増やす] ｜ 食品ロス削減推進法
法律 ｜ 総菜 ｜ 延ばす ｜ 作り方 ｜ 変える ｜ 売り場 ｜ 温度 ｜ 低い [⇔高い]
約 ｜ 半分 ｜ 家庭

考えましょう　話しましょう

1 「食品ロス」にはどのようなものがありますか。

2 日本の食品ロスの量は、毎日、大型トラック約何台分でしょうか。
　　A. 毎日約80台分　　　B. 毎日約870台分　　　C. 毎日約1,430台分

3 家庭では、どのようなときに、どのような理由で食品ロスが出ると思いますか。

学び合いましょう

1 食品ロスを減らすための取り組みについて知りましょう。

家庭で余った食べ物を必要な人に届ける
ことができます。

まだおいしく安全に食べられるのに、
お店では売り切るのがむずかしい食べ物
を買うことができるサービスです。

2 食品ロスを減らすために、あなたがしていることはありますか。紹介しましょう。

3 食品ロスを減らすために、あなたにできることは何ですか。
買い物のときにできること、外食のときにできること、家庭でできることなどを
考えて、話しましょう。

今日の活動は、どうでしたか。
一人ずつ、自由に、感じたこと、考えたことを話してください。

語彙リスト

	日本語	မြန်မာ	Tiếng Việt	中文	English
1	捨てる	စွန့်ပစ်သည်	vứt, bỏ	扔	throw away
2	捨てられる	စွန့်ပစ်ခံသည်	bị vứt, bị bỏ	可以扔掉	thrown away
3	食品ロス [フードロス]	စားသောက်ကုန် အလဟဿ ဖြစ်ခြင်း	lãng phí thực phẩm, chất thải thực phẩm	食品损失 (食物损失)	food loss
4	傷	အနာအဆာ	vết trầy xước	受伤	scratch
5	悪い [⇔良い・いい]	ဆိုးသော [↔ ကောင်းသော]	xấu (↔ tốt)	坏 (↔ 好)	bad [↔ good]
6	消費期限	စားသုံးရန် နောက်ဆုံး သတ်မှတ်ချိန်	hạn sử dụng (thời hạn có thể ăn được)	消费期限 (保质期)	expiration date
7	賞味期限	သက်တမ်း ကုန်ဆုံးချိန်	thời hạn chất lượng món ăn được đảm bảo	保质期	best-before date
8	減らす [⇔増やす]	လျှော့ချသည် [↔ တိုးမြှင့်သည်]	làm giảm (↔ làm tăng)	减少 (↔ 增加)	decrease [↔ increase]
9	法律	ဥပဒေ	pháp luật	法律	law
10	総菜 [惣菜]	အသင့်စားဟင်းလျာ	món phụ, món ăn kèm	熟食	side dish
11	延ばす	တိုးချဲ့သည်	kéo dài	延长、拉长	extend
12	作り方	ချက်ပြုတ်နည်း	cách làm	制作方法	method of preparation
13	変える	ပြောင်းလဲသည်	thay đổi	改变	change
14	売り場	ရောင်းသည့်နေရာ	quầy bán hàng	柜台、卖场、出售处	sales floor
15	温度	အပူချိန်	nhiệt độ	温度	temperature
16	低い [⇔高い]	နိမ့်သော [↔ မြင့်သော]	thấp (↔ cao)	低 (↔ 高)	low [↔ high]
17	約	လောက်	khoảng	大约	approximately
18	半分	ထက်ဝက်	phân nửa	一半	half
19	家庭	အိမ်ထောင်စု	gia đình	家庭	home
20	理由	အကြောင်းရင်း	lí do	理由	reason
21	余る	ပိုသည်	dư, thừa	剩余	surplus

あなたとわたしの健康

アイス
ブレーキング

1 今日の朝、何を食べましたか。何を飲みましたか。
今日は何も食べていない人は、いつもは何を食べていますか。

2 健康のためにしていることはありますか。それは何ですか。

3 ストレッチをして、リラックスしましょう。

① 肩に手をあててひじを回す。
（30秒）

② 首の横を伸ばす。
（左右30秒ずつ）

③ わきの下を伸ばす。
（左右30秒ずつ）

サポートサイト「コンテンツ集」に載っている映像を見て、
ストレッチをしましょう。（https://www.bonjinsha.com/wp/tomomana）

生活の中で、いろいろなストレスを感じることがあります。仕事や勉強のストレス、同僚や友だちとの人間関係のストレスもあります。ストレスを感じすぎると、こころや体の調子が悪くなることがあります。

厚生労働省は、「こころと体のセルフケア」の方法を紹介しています。例えば、「体を動かすこと」「失敗しても笑ってみること」「今の気持ちを書いてみること」などです。

自分ではなく、家族や友だちが大きなストレスを感じているように見えるとき、わたしたちは何ができるでしょうか。しっかり話を聞いてあげることもいいでしょう。「あなたはまちがっていないよ」と伝えてあげてもいいでしょう。また、相談できるところを紹介したり、ストレスを減らすために必要な情報を教えてあげたりしてもいいでしょう。みんなが助け合って生きるために、ほかにどのようなサポートができるでしょうか。

今日のことば

生活 ｜ ストレス ｜ 感じる ｜ 同僚 ｜ 人間関係 ｜ （感じ）すぎる ｜ こころ
調子が悪い ｜ 厚生労働省 ｜ セルフケア ｜ 方法 ｜ 紹介する ｜ 失敗する ｜ 気持ち
しっかり ｜ 伝える ｜ 相談する ｜ 減らす ｜ 必要 ｜ 情報 ｜ 助け合う ｜ 生きる

考えましょう　話しましょう

1 厚生労働省は、どのような「こころと体のセルフケア」の方法を紹介していますか。

2 今の気持ちを紙にかいてみましょう。うれしい、楽しい、悲しい、怒っている、どんな気持ちでもいいです。字でかいても、絵でかいてもいいです。

3 今の気持ちをかいてみて、どうですか。かく前と比べて、気持ちは同じですか、違いますか。みんなと話してみましょう。

学び合いましょう

1 あなたならどうしますか。

あなたは友だちと会いました。その友だちは、
いつもは元気で、よく話します。でも、今日は
元気がないようです。あまり話しません。

あなたならどうしますか。

2 みんなで話し合いましょう。

サラさんは、日本に来て、まだ3か月です。
体の調子が悪いので、病院に行きたいです。
しかし、日本の病院のことはよくわかりません。
日本語もまだあまり話せません。病院に行くのが
怖いです。どんなサポートがあれば、サラさんは
病院に行きやすくなるでしょうか。
みんなで話し合いましょう。
あなたが知っているサポートがあれば、教えてください。

> [サラさん]
> 留学生。日本に来て3か月。
> 一人暮らしをしている。

3 今日の学びから、これからあなたは、こころと体の健康のために何をしますか。
みんなに話しましょう。

今日の
ふり返り

今日の活動は、どうでしたか。
一人ずつ、自由に、感じたこと、考えたことを話してください。

語彙リスト

日本語	မြန်မာ	Tiếng Việt	中文	English
1 せいかつ 生活	နေထိုင်မှုဘဝ	đời sống	生活	life
2 ストレス	စိတ်ဖိစီးမှု	stress, căng thẳng	压力	stress
3 かん 感じる	ခံစားသည်	cảm thấy	感到、感觉	feel
4 どうりょう 同僚	လုပ်ဖော်ကိုင်ဖက်	đồng nghiệp	同事	colleagues
5 にんげんかんけい 人間関係	လူအချင်းချင်းဆက်ဆံရေး	mối quan hệ giữa người với người	人际关系	relationships
6 かん (感じ)すぎる	(ခံစား)လွန်းသည်	(cảm thấy) quá tải	(感觉)太多、过多	(feel) too much
7 こころ	စိတ်	tinh thần	心、心灵	mind
8 ちょうし わる 調子が悪い	မအီမသာဖြစ်သော	cảm thấy không khỏe	不舒服	not feeling well
9 こうせいろうどうしょう 厚生労働省	ကျန်းမာရေး၊ အလုပ်သမားနှင့် လူမှုဖူလုံရေး ဝန်ကြီးဌာန	Bộ Y tế, Lao động và Phúc lợi	厚生劳动省	Ministry of Health, Labor, and Welfare
10 セルフケア	မိမိကိုယ်ကို ပြုစုစောင့်ရှောက် ခြင်း	tự chăm sóc bản thân	自疗、自我保健	self-care
11 ほうほう 方法	နည်းလမ်း	phương pháp	方法	methods
12 しょうかい 紹介する	မိတ်ဆက်သည်	giới thiệu	介绍一下	introduce
13 しっぱい 失敗する	မအောင်မမြင်ဖြစ်သည်	thất bại	失败	fail
14 きも 気持ち	စိတ်ခံစားချက်	cảm xúc	心情、心意	feelings
15 しっかり	လေးနက်စွာ	chắc chắn, cẩn thận	坚强、坚决	carefully
16 つた 伝える	ပြောပြသည်	truyền đạt	告诉、转告	communicate
17 そうだん 相談する	တိုင်ပင်ဆွေးနွေးသည်	tư vấn	咨询	consult
18 へ 減らす	လျှော့ပါးစေသည်	làm giảm	减少	reduce
19 ひつよう 必要	လိုအပ်သော	cần thiết	必要	necessary
20 じょうほう 情報	သတင်းအချက်အလက်	thông tin	信息	information
21 たす あ 助け合う	အပြန်အလှန်ကူညီပေးသည်	giúp đỡ lẫn nhau	互相帮助	help each other
22 い 生きる	အသက်ရှင်နေထိုင်သည်	sống	生存、活着、活下去	live

家族を支える子ども

1 子どものときに好きだった遊び

子どものとき、どのような遊びが好きでしたか。学校が終わったあと、何をしていましたか。みんなで話してみましょう。

2 家事について話しましょう。

① 子どものとき、家のお手伝いをしましたか。どのようなお手伝いをしていましたか。

② あなたの得意な家事や苦手な家事は何ですか。家族といっしょに暮らしているとき、一人暮らしをしているときなどを比べてみましょう。違いはありますか。

3 イラストを見て考えましょう。

これはある中学生の一日です。あなたは、このイラストを見て、どのようなことを考えましたか。自由に話してみましょう。

日常的に家族のケアをする 18 歳未満の子どもをヤングケアラーと言います。ケアは、介護や幼いきょうだいの世話、障害のある家族の見守り、精神的なサポートなどです。家事やアルバイト、日本語の通訳をすることもあります。

2020 年、埼玉県は高校 2 年生に調査をしました。その結果、約 25 人に 1 人がヤングケアラーでした。「中学生からケアを始めた」と答えた高校生がいちばん多かったです。

山田さんは障害のある母親と 2 人暮らしです。小学生のときから母親のケアをしています。高校 3 年生のとき、卒業後はアルバイトをしながら母親のケアをして生きていくことを決めました。他の選択肢は考えられませんでした。35 歳になった今、高校生のときはだれかに相談するという考えがなかったと話しています。

だれにも相談しない、だれにも相談できないヤングケアラーはとても多いです。ヤングケアラーの悩みを聞くためには、どうしたらよいでしょうか。

今日のことば

日常的に	ケア	未満	ヤングケアラー	介護	幼い	きょうだい
世話	障害	見守り	精神的な	サポート	家事	アルバイト	通訳
調査	約	選択肢	相談する	悩み

考えましょう 話しましょう

1 ヤングケアラーとは、どのような人ですか。

2 どうして、だれにも相談しない、相談できないヤングケアラーが多いのでしょうか。

3 ヤングケアラーには、どのような悩みがあると思いますか。また、将来はどのようなことで悩むと思いますか。

いっしょに

学び合いましょう

1 あなたは、ヤングケアラーのことをどう思いますか。
次の（ア）～（エ）の中からあなたの考えに近いものを選んでください。

(ア)　勉強よりも、家族のケアをするべきだ。

(イ)　勉強に影響がないくらいで、家族のケアをするべきだ。

(ウ)　子どもは家族のケアをするべきではない。

(エ)　その他

2 こんなとき、あなたはどうしますか。理由もいっしょに考えてみましょう。

① あなたは、学校の先生です。クラスに宿題をよく忘れて、授業中も寝ている生徒がいます。あなたは、その生徒が病気のある母親や幼いきょうだいの世話をしていることを知っています。生徒は最近、学校を休むことが多くなりました。あなたが生徒にできることはありますか。ある場合、どのようなことをしますか。

② あなたは、外国出身者です。中学生の子どもと日本語が話せない両親といっしょに日本で生活しています。平日に両親を病院に連れて行きたいですが、あなたは仕事で忙しいです。病院にいっしょに行けるのは、あなたの子どもしかいません。しかし、平日は学校があります。このようなとき、あなたならどうしますか。

3 ヤングケアラーのために、社会ができるサポートは何ですか。具体的なサポートを3つ考えてみましょう。

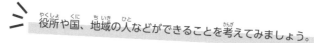
役所や国、地域の人などができることを考えてみましょう。

今日の
ふり返り

今日の活動は、どうでしたか。
一人ずつ、自由に、感じたこと、考えたことを話してください。

語彙リスト

日本語	မြန်မာ	Tiếng Việt	中文	English
1 日常的に	နေ့စဉ်နှင့်အမျှ	hằng ngày	平常	daily
2 ケア	ပြုစုစောင့်ရှောက်မှု	chăm sóc	照顾、护理	care
3 未満	အောက်	dưới, ít hơn	未满	under
4 ヤングケアラー	စောင့်ရှောက်သူလူငယ်	người chăm sóc trẻ tuổi	少儿护理、未成年照顾者	young carers
5 介護	(သက်ကြီးရွယ်အို၊ မသန်စွမ်းသူစသည်ကို) ပြုစုစောင့်ရှောက်ခြင်း	chăm sóc điều dưỡng	护理、看护	nursing care
6 幼い	ငယ်ရွယ်သော	nhỏ tuổi	年幼、幼稚	younger
7 きょうだい	မောင်နှမ	anh em	兄弟姐妹	siblings
8 世話	စောင့်ရှောက်ခြင်း	chăm sóc	照顾、照料	looking after
9 障害	မသန်စွမ်းမှု	khiếm khuyết, khuyết tật	残疾	disability
10 見守り	စောင့်ကြည့်ပေးခြင်း	theo dõi, trông coi	守护	watching over
11 精神的な	စိတ်ပိုင်းဆိုင်ရာ	về mặt tinh thần	精神上的	emotional
12 サポート	ထောက်ပံ့မှု	hỗ trợ	支持、支援、资助	support
13 家事	အိမ်မှုကိစ္စ	việc nhà	家务活儿	housework
14 アルバイト	အချိန်ပိုင်းအလုပ်	việc làm thêm	临时工	part-time work
15 通訳	စကားပြန်	thông dịch	翻译	interpretation
16 調査	စစ်တမ်းကောက်ယူခြင်း	điều tra, khảo sát	调查	survey
17 約	လောက်	khoảng	大约	approximately
18 選択肢	ရွေးချယ်စရာ	sự lựa chọn	选择项目	option
19 相談する	တိုင်ပင်ဆွေးနွေးသည်	tư vấn, cho lời khuyên	咨询	consult
20 悩み	ပူပင်သောက၊ အခက်အခဲ	băn khoăn, trăn trở	烦恼	concerns

私、わたし、ワタシ

アイス
ブレーキング

1 趣味について話しましょう。

あなたの趣味は何ですか。休みの日は、どのようなことをしますか。自由に話して
みましょう。

2 あなたが興味のある仕事は？

① あなたは次のうち、どの仕事に興味がありますか。もし、自由に仕事を選べると
したら、どれを選びますか。

Ⓐ 宇宙飛行士

Ⓑ 小説家

Ⓒ プロスポーツ選手

Ⓓ 映画監督

② どうしてその仕事を選びましたか。理由を話してみましょう。

3 仕事と履歴書について知りましょう。

あなたは、これまでどのような仕事をしましたか。アルバイトでもいいです。家の仕
事でもいいです。その仕事はいつからしていますか。また、どのように探しましたか。
話してみましょう。

2021年4月16日、厚生労働省は新しい履歴書の例を発表しました。国が履歴書の例を発表したのは、初めてです。

今までよく使われていた履歴書の例では、男性か女性か性別を選ぶ必要がありました。しかし、新しい履歴書では、性別を書くかどうかを自分で決めることができます。また、通勤時間や扶養家族の人数、結婚しているかどうかなどを書くところがなくなりました。

アメリカでは、履歴書に年齢や性別を書いたり顔写真を貼ったりすることが法律で禁止されています。個人情報を守るため、そして、個人情報で人を判断しないで、その人のできることや良いところをよく見るためです。

履歴書には、すべての個人情報を書くことが本当に必要でしょうか。あなたは、履歴書にはどのような情報が必要だと思いますか。

今日のことば

厚生労働省	履歴書	例	発表する	初めて	性別	〜必要がある
通勤時間	扶養家族	結婚する	年齢	貼る	法律	禁止する
個人情報	守る	判断する

考えましょう　話しましょう

1 今までよく使われていた履歴書の例と新しい履歴書の例は、どのような違いがありますか。pp.68-69の履歴書を見て確認しましょう。

2 アメリカが、履歴書に年齢や性別、顔写真などの個人情報を書くことを禁止したのは、どうしてですか。

3 2について、あなたは賛成ですか、反対ですか。理由も話しましょう。

学び合いましょう

仕事をするとき、名刺を持つことがあります。
名刺には、あなたがどのような人かを書きます。

■ 名刺を見てみましょう。

どのようなことが書いてありますか。
みんなで話してみましょう。

名刺を持っている人はみんなに紹介
してみてください。

■ 名刺を考えて作ってみましょう。

① 仕事で使う名刺のほかに、自分を表す名刺を考えて、作ってみましょう。

アイスブレーキング■で話した趣味の名刺でもいいですね！
pp.70-71 の例も見てみましょう。

② どうしてこの名刺を作りましたか。あなたの気持ちを話してみましょう。

■ ■で作った名刺を使って、名刺交換をしてみましょう。

今日の
ふり返り

今日の活動は、どうでしたか。
一人ずつ、自由に、感じたこと、考えたことを話してください。

語彙リスト
ご い

	日本語	မြန်မာ	Tiếng Việt	中文	English
1	厚生労働省 こうせいろうどうしょう	ကျန်းမာရေး၊ အလုပ်သမားနှင့် လူမှုဖူလုံရေး ဝန်ကြီးဌာန	Bộ Y tế, Lao động và Phúc lợi	厚生劳动省	Ministry of Health, Labor, and Welfare
2	履歴書 り れきしょ	ပညာရေးနှင့် အလုပ် အတွေ့အကြုံ မှတ်တမ်း အကျဉ်း	sơ yếu lí lịch	履历书	resume
3	例 れい	နမူနာပုံစံ	mẫu	例	sample
4	発表する はっぴょう	ထုတ်ပြန်သည်	công bố	发表	announce
5	初めて はじ	ပထမဆုံးအကြိမ်	lần đầu tiên	初次	first time
6	性別 せいべつ	လိင်အမျိုးအစား	giới tính	性别	gender
7	～必要がある ひつよう	～ရန် လိုအပ်သည်	cần phải ~	～是必要的	needed to ~
8	通勤時間 つうきん じ かん	အလုပ်သွားရန် ကြာချိန်	thời gian đi đến chỗ làm	上下班时间	commuting time
9	扶養家族 ふ ようか ぞく	မှီခိုသူမိသားစု	người phụ thuộc trong gia đình	抚养家族	dependents
10	結婚する けっこん	အိမ်ထောင်ပြုသည်	kết hôn	结婚	married
11	年齢 ねんれい	အသက်အရွယ်	tuổi	年龄	age
12	貼る は	ကပ်သည်	dán	贴	put
13	法律 ほうりつ	ဥပဒေ	luật pháp	法律	laws
14	禁止する きん し	တားမြစ်သည်	cấm	禁止	prohibit
15	個人情報 こ じんじょうほう	ကိုယ်ရေးအချက်အလက်	thông tin cá nhân	个人信息	personal information
16	守る まも	ကာကွယ်သည်	bảo vệ	遵守	protect
17	判断する はんだん	အကဲဖြတ်သည်	phán đoán	判断	judge
18	名刺 めい し	လုပ်ငန်းလိပ်စာကတ်ပြား	danh thiếp	名片	business card

質問の
答え

 や の質問やクイズの答え＊です。

答えがある質問だけ、まとめました。

＊「答えの例」もあります。

ともに歩く、ともに生きる

2 ① Ⓐ 畑を耕す馬

Ⓑ 魚を捕る仕事をする鵜 (鳥)

Ⓒ 目の見えない人・見えにくい人 (視覚障害者) と生活する盲導犬

3 ① 目が見えにくい人にもわかりやすく目立つ色だから。

視覚障害者には、まったく見えない「全盲」の人だけではなく、目が見えにくい「弱視」の人などもいます。そのような人には、黄色のような「わかりやすい色」はとても大切です。

② 視覚障害のある人が読むことのできる本は、いろいろあります。

- 点字で本を読む「点字図書」
- 音を聞く「録音図書」
- 文字を大きくする「大活字本・拡大写本」
- 文字や図を大きくする「マルチメディア DAISY 図書」

③ 助けてほしいことを伝えている。

白杖を頭の上に約 50cm 上げることを「白杖 SOS」と言います。

100 年後の青い海、青い空

2 a

3 ①－b　　②－d　　③－a　　④－c

1 約 16 億 4,000 万トン

2 〈ごみが増えた影響の例〉

- 生き物たちがごみやマイクロプラスチックをえさだと勘違いして食べてしまう。

- 人間がごみを食べた生き物を食べると、人間の健康も悪くなってしまう。
- ごみを埋め立てる場所がなくなり、生き物たちの住む場所がなくなってしまう。

〈地球温暖化が進んだ影響の例〉
- 気温が高くなったり、多くの地域で大雨が降ったりする。
- 干ばつが起きる。

3 たんでぃがぁーたんでぃ

2 ①－a （北海道函館市、イカ）
②－c （大阪府、大阪城）
③－b （静岡県焼津市、富士山）
④－d （沖縄県、シーサー）

3 ・ にふぇーでーびる　⇒　b．沖縄語
・ obrigada　⇒　h．ポルトガル語
・ 감사합니다　⇒　d．韓国語
・ イヤィラィケレ　⇒　a．アイヌ語
・ Cảm ơn bạn　⇒　f．ベトナム語
・ ကျေးဇူးတင်ပါတယ်　⇒　g．ビルマ語
・ 謝謝　⇒　e．中国語
・ たんでぃがぁーたんでぃ　⇒　c．宮古語

1 お正月

2 ① b　　② c　　③ a

4　その日のために「今」

3 ① Ⓐ 避難所：一定期間、避難生活をする場所です。水や食べ物などをもらうことができます。(例：学校や公民館など)

　　Ⓑ 避難場所：災害が起きたら、最初に逃げる場所です。長い間ではなく、少しの間、避難することができます。泊まったり、寝たりすることはできません。(例：公園などの広い場所)

② 間違い：

　　避難所は、その地域に住んでいる人が使うところです。外出中に被災したら、「一時滞在施設」に避難しましょう。

③ 間違い：

　　今は、ハラルフード (halal food) やアレルギーがある人のための食べ物がある避難所はほとんどありません。特別な食べ物が必要な人は、今から準備したり、役所に聞いたりするといいと思います。

1 タンスが倒れたり、食器が割れたりした。

2 〈答えの例〉

・「避難所」「勧告」など、普段はあまり使わないことばが多かったから。

・地震でパニックになってしまったから。

　5　カカオをつくったのはボク

1 家族を支えるため。

56

6 Every Child Has a Beautiful Name

2 ① Ⓐ 「酔っ払い注意」（アメリカ）：

お酒のビンを持っている標識です。この標識は、アメリカでは、ビーチの近くなどの「酔っ払い」が多い場所にあります。

Ⓑ 「メロディーロード」（日本、北海道知床半島）：

この標識がある道路には、溝があります。時速 60 km で通ると、その溝から音楽が聞こえてきます。

② b. フィンランド

「スノーモービル走行車線」：

フィンランドは雪が多いため、スノーモービル用の道路があります。観光客が運転するスノーモービルの事故が多いため、「スノーモービルに注意してください」という意味で、この標識があります。

7 旅に出よう

1 手では持ちきれない荷物を載せるため。

8 小さな思いやり

2 ① Ⓐ シャンプーのボトルにはさわってわかるようにギザギザがついている。

Ⓑ お酒の缶には点字がついている。

Ⓒ イラスト左：左利き用のはさみ

イラスト右：右利き用のはさみ

② Ⓐ 車いすの人や子ども、お年寄りなど

Ⓑ 車いすの人、子ども連れの人、ケガをしている人、障害のある人など

Ⓒ 車いすの人、ベビーカーを使っている人、荷物をたくさん持っている人など

 １ すべての人のためのデザイン

２ 車いすの人・子ども連れの人

（他にも、ケガをしている人、障害がある人など）

 9 Mottainai

 ３ ① 卵の賞味期限

年、月、日の数字が書いてあります。

② 外国のインスタント麺の賞味期限

日、月、年の数字が書いてあります。

③ お弁当やおにぎり、サンドイッチの消費期限

年、月、日の数字と時間が書いてあります。

 １ 傷がついたもの、形が悪いもの、消費期限や賞味期限になっていなくても捨てられるもの

２ Ｃ：毎日約 1,430 台分（年間約 522 万トン）

３ 〈答えの参考になるグラフを、サポートサイト「コンテンツ集」に載せています。〉

あなたとわたしの健康

1 体を動かすこと、失敗しても笑ってみること、今の気持ちを書いてみることなど

家族を支える子ども

1 日常的に家族のケアをする 18 歳未満の子ども

2 〈答えの例〉

- 相談できる人がいない。
- だれにも話したくない。
- 相談しても相手にされない。
- 自分のことを理解してくれる人がいない。
- ケアすることが当たり前になっているから「相談しよう」という考えがない。
- 家族からだれにも話さないでと言われている。

3 〈答えの例〉

- 勉強の時間が十分にとれない。
- 自分の自由時間がない。(部活ができない、友だちと遊べないなど)
- 自分のことを話せる人がいない。
- 将来、高校や大学に進学できるのか、就職できるのかが心配。
- ケアしている家族がいなくなってからの生活が考えられない。
- 将来の家族の生活が心配。

12 私、わたし、ワタシ

1
- 新しい履歴書は、性別を書くかどうかを自由に決められる。
- 新しい履歴書には、通勤時間や扶養家族の人数、結婚しているかどうかなどを書くところがない。
- 今までよく使われていた履歴書は、男性か女性か性別を選ぶ必要があった。
- 今までよく使われていた履歴書には、通勤時間や扶養家族の人数、結婚しているかどうかなどを書くところがあった。

2
- 個人情報を守るため。
- 個人情報で人を判断しないで、その人のできることや良いところをよく見るため。

巻末資料

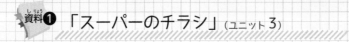

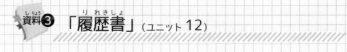
【サポートサイト】（2023年現在）

サポートサイトで配信しているPDFをダウンロードして使うこともできます。

https://www.bonjinsha.com/wp/tomomana

（凡人社ウェブサイト内特設ページ）

「わたしの避難カード」(ユニット4)

＊公益財団法人栃木県国際交流協会ウェブサイト「外国人向け防災情報」を参考に作成

Personal data 個人データ

Name 名前

Address 住所

Nationality 国籍	Language 言語	Date of birth 生年月日
		＿＿＿＿＿＿年＿＿月＿＿日
		(Year)　　(Month)　(Day)

Contact in Japan 日本での連絡先	Blood type 血液型
	□A □B □O □AB □Rh⁺ □Rh⁻
	Pre-existing diseases 持病
Contact in home country 母国での連絡先	
	Medications you are using 使っている薬

个人数据 個人データ

姓名 名前

地址 住所

国籍 国籍	语言 言語	出生年月日 生年月日
		＿＿＿＿＿＿年＿＿月＿＿日

日本的联络方式 日本での連絡先	血型 血液型
	□A □B □O □AB □Rh⁺ □Rh⁻
	慢性病、老毛病 持病
母国的联络方式 母国での連絡先	
	正在服的药 使っている薬

👆 Show this card when necessary　必要なとき見せてください ▲

I am injured.	ケガをしています。
I am not feeling well.	体調が悪いです。
I am pregnant.	妊娠しています。
I have allergies.	アレルギーがあります。
Where can I get food?	食べ物はどこでもらえますか？
Where can I make phone calls?	電話はどこからかけられますか？
Do any of you speak English?	英語の話せる人はいますか？

👆 必要的时候请出示　必要なとき見せてください ▲

我受伤了。	ケガをしています。
我不舒服。	体調が悪いです。
我怀孕了。	妊娠しています。
我有 (食物) 过敏。	アレルギーがあります。
在哪儿可以领取食物?	食べ物はどこでもらえますか？
在哪儿可以打电话?	電話はどこからかけられますか？
有没有会说中文的人?	中国語の話せる人はいますか？

Thông tin cá nhân 個人データ（こじん）

Tên 名前（なまえ）

Địa chỉ 住所（じゅうしょ）

Quốc tịch 国籍（こくせき）

Ngôn ngữ 言語（げんご）

Ngày tháng năm sinh 生年月日（せいねんがっぴ）

_____年___月___日
(Năm)　　　(Tháng)　(Ngày)

Thông tin liên lạc ở Nhật Bản 日本（にほん）での連絡先（れんらくさき）

Nhóm máu 血液型（けつえきがた）

□A □B □O □AB □Rh⁺ □Rh⁻

Bệnh có sẵn, bệnh mãn tính 持病（じびょう）

Thông tin liên lạc ở quê hương 母国（ぼこく）での連絡先（れんらくさき）

Thuốc đang sử dụng 使（つか）っている薬（くすり）

ကိုယ်ရေးအချက်အလက် 個人データ（こじん）

အမည် 名前（なまえ）

နေရပ်လိပ်စာ 住所（じゅうしょ）

နိုင်ငံသား 国籍（こくせき）

ဘာသာစကား 言語（げんご）

မွေးသက္ကရာဇ် 生年月日（せいねんがっぴ）

_____年___月___日
(ခုနှစ်)　　　(လ)　(ရက်)

ဂျပန်နိုင်ငံအတွင်း ဆက်သွယ်ရန်လိပ်စာ 日本（にほん）での連絡先（れんらくさき）

သွေးအမျိုးအစား 血液型（けつえきがた）

□A □B □O □AB □Rh⁺ □Rh⁻

ရောဂါအခံ 持病（じびょう）

အမိနိုင်ငံအတွင်း ဆက်သွယ်ရန်လိပ်စာ 母国（ぼこく）での連絡先（れんらくさき）

သောက်သုံးနေသော ဆေးဝါးများ 使（つか）っている薬（くすり）

65

Hãy đưa cho người khác xem khi cần thiết 必要なとき見せてください ▲

Tôi đang bị thương.	けがをしています。
Tôi đang cảm thấy không khỏe.	体調（たいちょう）が悪（わる）いです。
Tôi đang mang thai.	妊娠（にんしん）しています。
Tôi bị dị ứng.	アレルギーがあります。
Tôi có thể nhận thức ăn ở đâu?	食（た）べ物（もの）はどこでもらえますか？
Tôi có thể gọi điện thoại ở đâu?	電話（でんわ）はどこでかけられますか？
Ở đây có người nói được tiếng Việt không?	ベトナム語（ご）の話（はな）せる人（ひと）はいますか？

လိုအပ်ပါက ပြပါရန် 必要なとき見せてください ▲

ဒဏ်ရာ ရထားပါတယ်။	けがをしています。
နေမကောင်းပါဘူး။	体調（たいちょう）が悪（わる）いです。
ကိုယ်ဝန် ရှိပါတယ်။	妊娠（にんしん）しています。
ဓာတ်မတည့်ခြင်း ရှိပါတယ်။	アレルギーがあります。
အစားအသောက် ဘယ်မှာ ရယူနိုင်မလဲ။	食（た）べ物（もの）はどこでもらえますか？
ဘယ်မှာ ဖုန်းဆက်လို့ရမလဲ။	電話（でんわ）はどこでかけられますか？
မြန်မာလို ပြောတတ်တဲ့သူ ရှိပါ သလား။	ミャンマー語（ご）（ビルマ語（ご））の話（はな）せる人（ひと）はいますか？

メモ

メモ

資料❸ 「履歴書」（ユニット12）

Ⓐ 今までよく使われていた履歴書の例

履　歴　書		2023年　1月　15日 現在	写真をはる位置 写真をはる必要がある場合 1. 縦 36～40mm 　横 24～30mm 2. 本人単身胸から上 3. 裏面のりづけ
ふりがな	た　なか		
氏　名	田中ゆき		
生年月日	1989年　5月　12日生（満33才）	※ 男・**女**	
ふりがな	とうきょうと　すぎなみく　すぎなみ	電話	
現住所	〒 123-4567 東京都杉並区杉並1-2-3	03-××××-5678	
ふりがな	〒 （現住所以外に連絡を希望する場合のみ記入）	電話	
連絡先		090-××××-××××	

志望の動機、特技、好きな学科、アピールポイントなど	通勤時間 　　約　1時間　30分
	扶養家族（配偶者を除く） 　　　2人
	配偶者　　　　　　配偶者の扶養義務 ※ **有**・無　　　　※ 有・**無**

履歴書		2023 年 1 月 15 日現在	写真をはる位置 写真をはる必要がある 場合 1. 縦 36～40mm 横 24～30mm 2. 本人単身胸から上 3. 裏面のりづけ
ふりがな	た なか		
氏 名	田中 ゆき		

1989年 5月 12日生 （満33才）	※性別	
ふりがな とうきょうと すぎなみく すぎなみ		電話
現住所 〒 123-4567 東京都杉並区杉並1-2-3		03-××××-5678
ふりがな 〒		電話
連絡先 （現住所以外に連絡を希望する場合のみ記入）		090-××××-××××

志望の動機、特技、好きな学科、アピールポイントなど

「A 今までよく使われていた履歴書の例」と「B 新しい履歴書の例」は、どのような違いがありますか？

相撲だいすき

北村 花江
KITAMURA　HANAE

▶ 080-xxxx-xxxx
▶ hanae@sample.com

庭でトマトを作っています!!

森 ゆうと
MORI YUUTO

@●●△●_●▽●　フォローしてね!

書道五段

豊川悠山

yuzan@sample.com
〇九〇-××××-××××

船の運転ができます

浜田 健一

名刺を考えて作ってみましょう。

サポートサイトの PDF を使っても OK！

あとがき

　本書の冒頭で「教室での学びをつくり上げるのは、みなさんひとりひとりです。学びの旅が楽しいものになりますよう、祈っています」と述べました。みなさんの学びの旅はいかがだったでしょうか。ときに笑顔があふれ、ときに立ち止まって考え込み、そして対話する、さまざまな顔がある学び合いの旅を参加者全員で過ごせたとすれば本当にうれしく思います。

　「本書の使い方」で述べたとおり、わたくしを含め、著者全員がミャンマー出身の難民的背景をもつ人々との日本語活動に関わっています。わたくしたちは、本書で提示したような活動を 2014 年から毎週日曜日に続けてきました。この活動に関わった人々は 2022 年末現在で、470 名以上にのぼっています。そのすべての人々との学び合いが本書を編む源泉になっています。この活動に関わってきたすべての参加者に深く感謝の想いを捧げたいと思います。

　本書では、12 のユニットをご提案しましたが、みなさんの活動が毎週あるとすれば、3 か月程度で本書はその役割を終えることになります。その後は、是非ともみなさんで活動をデザインし、学び合いの活動を広げていっていただきたいと思います。

　日本語を学ぶ場である日本語教室は、さまざまな可能性を持っています。日本語の習得はもちろん活動の目的になるとは思いますが、教室に関わるすべての人々にとってほっとできる居場所になることを願っています。そして、その居場所での活動が今日の、そして明日の活力を参加者全員が得られるようなものとなりますよう、心より応援しています。

2022 年 12 月

松尾　慎

教室の風景

72

[著者プロフィール]

編著者　松尾 慎（まつお・しん）

東京女子大学現代教養学部教授。多文化社会コーディネーター（多文化社会専門職機構認定）。ブラジル、インドネシア、台湾で日本語教育に携わってきました。2014年、ミャンマー出身難民当事者とともに Villa Education Center を立ち上げ、毎週日曜日、大学院生や卒業生などとともに日本語活動を運営しています。趣味は自転車のロングライドです！

著者　五嶋 友香（ごとう・ゆうか）

東京女子大学大学院で日本語教育を専攻。難民問題や多文化共生、子どもの日本語教育などに興味関心があります。現在（大学院在籍中）は、複数言語環境で育つ子どものことばに関する研究を行っています。そのほか、地域日本語教室や海外ルーツの子どもたちへの教科学習支援などの活動に参加しています。趣味は……探し中です！

澁谷 こはる（しぶや・こはる）

東京女子大学大学院で日本語教育を専攻。地域日本語教室や海外ルーツの子どもへの教科学習支援への参加、アメリカにある日本語イマージョン小学校でのインターンシップなどを通して、日本語教育の魅力を知りました。現在は、日本に在住する海外ルーツの子どもについて研究しています。趣味は犬と遊ぶことです！

鈴木 雅大（すずき・まさひろ）

東京大学で教育学を専攻。教育制度や国語科・社会科の教科教育、海外ルーツを持つ子どもの生活、社会教育に特に関心があります。VEC には、難民的背景を持つ方たちへの理解を深めたいという興味から訪れ、居心地が良くなり通い続けています。趣味は漫画、アニメ、読書です。

東樹 美和（とうじゅ・みわ）

東京女子大学大学院で日本語教育を専攻。台湾の東海大學日本語言文化學系の学生の卒業論文執筆のお手伝いをしたことが、日本語教育を深く学びたいと思うようになったきっかけです。海外ルーツの子どもたちへの教科学習支援活動を通して、在日ムスリム家庭の母親の言語生活について興味関心を持ち、研究しています。猫と自然とコーヒーが大好きです。

西村 愛（にしむら・あい）

東京女子大学大学院で日本語教育を専攻。国際交流基金日本語パートナーズインドネシア12期として、2019年9月〜2020年3月までインドネシア東ジャワ州シドアルジョ県の中等教育に関わりました。現在は、漁業に従事するインドネシア出身技能実習生の言語使用について研究しています。趣味は相撲観戦です！

矢部 紬（やべ・つむぎ）

東京女子大学大学院で日本語教育を専攻。モンゴルの日本式高校のインターンシップに参加したことで海外の日本語教育に興味を持ちました。2019年11月〜2022年2月までJICA 青年海外協力隊の日本語教育隊員として、中国江蘇省の高校で活動。現在は、中国の中等教育機関における日本語教育を研究しています。趣味はハンドメイドとイラストを描くことです！

翻訳　廣瀬 慎（ビルマ語）

　　　Tran Phuong Anh（ベトナム語）

　　　山浦 育子（中国語）

　　　Nate Olson（英語）

イラスト　酒井 弘美

表紙デザイン　株式会社クオリアデザイン事務所

協力　NPO 法人日本アジアハラール協会

　　　株式会社ファミリーマート

　　　株式会社コークッキング　TABETE 事務局

音声提供　（コンテンツ集「ユニット 3」に収載）　＊収載順

　　　比嘉 光龍（沖縄語）

　　　松原 秀明（宮古語）

　　　李 炫知（韓国語）

　　　庄 園（中国語）

　　　Tran Phuong Anh（ベトナム語）

　　　Kyaw Kyaw Soe（ビルマ語）

　　　Júlia Yabu Uratsuka（ポルトガル語：obrigada）

　　　マベ ユリ（ポルトガル語：obrigado）

　　　Meliana（インドネシア語）

　　　Rustamova Yevheniia（ウクライナ語）

　　　Yesu Supachai（タイ語：ขอบคุณ ครับ）

　　　Jirawan Ongmol（タイ語：ขอบคุณ ค่ะ）

　　　Dionisio（タガログ語）

　　　Rojina Poudel（ネパール語）

　　　Akuila Lesi（フィジー語）

　　　藍（広東語：廣東話）

　　　OIDOV ANKHBAYAR（モンゴル語）

【本教材のサポートサイト】(2023 年現在)

https://www.bonjinsha.com/wp/tomomana

（凡人社ウェブサイト内特設ページ）

「コンテンツ集」
「サポーターの手引き」など
（ダウンロードファイル）

対話型日本語教材
ともに学ぶ「せかい」と「にほんご」

2023 年 1 月 31 日　初版第 1 刷発行

編 著 者	松尾慎	
著　　者	五嶋友香，澁谷こはる，鈴木雅大，東樹美和，西村愛，矢部紬	
発　　行	株式会社 凡人社	

　　　　　〒 102-0093　東京都千代田区平河町 1-3-13
　　　　　電話 03-3263-3959

印刷・製本　倉敷印刷株式会社

定価はカバーに表示してあります。乱丁本・落丁本はお取り換えいたします。
＊本書の一部あるいは全部について、著作者から文書による承諾を得ずに、いかなる方法においても無断で、転載・複写・複製
　することは法律で固く禁じられています。

ISBN 978-4-86746-011-5
©MATSUO Shin, GOTO Yuka, SHIBUYA Koharu, SUZUKI Masahiro, TOJU Miwa, NISHIMURA Ai, YABE Tsumugi
2023 Printed in Japan

VILLA EDUCATION CENTER

(VEC) へようこそ

本書の執筆者の全員が、Villa Education Center (VEC) の活動に参加しています。VEC は東京都高田馬場にある地域日本語教室で、ミャンマー出身難民当事者と日本語教育の専門家が協力して、2014 年に設立されました。設立当初から、教室に集まったすべての参加者が学び合えるような活動にしたいとの思いをもって、活動を継続してきました。

VEC の日本語活動に参加することで、本書の理念や用い方をより深くご理解いただけるかと思います。ビジターとしてのご参加を歓迎します。オンラインでの参加もご相談ください。

日本語活動
"にほんごではなそう"

日本語活動の活動日

毎週日曜日　午前 10 時から正午まで

連絡先

下記の VEC のホームページの「その他」に「お問い合わせ」があります。そこから連絡を取ってください。

教室の外に出て点字で書かれた運賃表を確認中 ▲

VECのその他の活動

- **日本語教室**：毎週日曜日の午後に活動しています。生活や就労に必要な日本語を基礎から学ぶ日本語教室です。
- **生活相談**：日曜日の午後に行っています。相談内容によって、行政書士、労働問題の専門家、日本語教師、大学院生などが対応しています。
- **VEC セミナー**：日本語教育関係者や多文化共生に興味を持っている方に向けたセミナーを定期的に開催しています。主にオンラインで行っています。

それぞれの活動への参加者を募集しています。また、生活相談や事務作業を担ってくれる方も常に募集しています。詳細は、VEC ウェブサイトと Facebook をご覧ください。毎週日曜日の活動毎に更新していますので、是非活動の様子を覗いてみてください!

website

Facebook